游泳运动员水中数据采集与技术分析研究

温 伟 著

同济大学出版社·上海
TONGJI UNIVERSITY PRESS·SHANGHAI

内 容 提 要

本书以水中数据采集技术原理与设备为基础,深入分析运动学参数和动力学参数的测量方法,构建多源数据融合的实时采集系统,并建立运动表现预测模型。同时从社会维度阐述数据技术对游泳普及、体育产业和健康文化的推动作用,最终提出基于数据分析的技术优化策略,形成从理论到实践、从技术到社会的完整研究体系。本书适合从事水上运动研究、体育科技开发的专业人士以及相关领域学者阅读,为他们在理论与实践结合层面提供有价值的参考。

图书在版编目(CIP)数据

游泳运动员水中数据采集与技术分析研究 / 温伟著.
上海:同济大学出版社,2025.6. -- ISBN 978-7-5765-1654-8

Ⅰ. G861.1

中国国家版本馆 CIP 数据核字第 20250WQ816 号

游泳运动员水中数据采集与技术分析研究
温 伟 著

| 责任编辑 | 阮璐瑶 | 责任校对 | 徐逢乔 | 封面设计 | 张田田 |

出版发行	同济大学出版社	www.tongjipress.com.cn
	(地址:上海市四平路1239号 邮编:200092 电话:021-65985622)	
经　销	全国各地新华书店	
印　刷	上海新华印刷有限公司	
开　本	787mm×1092mm 1/16	
印　张	11	
字　数	209 000	
版　次	2025 年 6 月第 1 版	
印　次	2025 年 6 月第 1 次印刷	
书　号	ISBN 978-7-5765-1654-8	
定　价	65.00 元	

本书若有印装质量问题,请向本社发行部调换　　版权所有　侵权必究

前　言

随着体育科学技术的不断发展,运动员的训练和比赛方式也在逐步演变。在众多体育项目中,游泳作为一项对技术和体能要求极高的运动,因其在全球范围内参与广泛且竞技性强,成为研究的热点之一。游泳运动员在水中的表现不仅取决于他们的身体素质和技术水平,还与水中数据的采集和分析密切相关。随着传感器技术、数据分析技术和人工智能的快速发展,游泳运动员水中数据采集与技术分析的研究为提升运动员的竞技水平提供了新的契机。

本书从游泳运动员水中数据采集基础出发,分别对游泳运动员水中运动学参数分析、游泳运动员水中动力学参数分析进行研究,并对游泳运动员水中数据采集系统的集成与应用、游泳运动员水中数据分析模型构建进行研究与讨论,最后探讨了游泳运动员水中数据采集的社会影响与价值,以及游泳运动员水中技术优化策略。希望本书的内容能够为读者提供游泳运动员水中数据采集与技术分析研究方面的帮助。

本书由北京体育大学教育学院游泳教研室教师温伟独立编写完成。在写作过程中,笔者参考了相关文献、资料,获益良多,在此谨向其作者表示衷心的感谢。

由于笔者水平有限,对于部分问题的研究有待进一步深化、细化,书中难免存在一些不足之处,敬请广大读者批评指正。

著　者

2025 年 3 月

目 录

前 言

第一章 游泳运动员水中数据采集基础 ·················· 1
  第一节 水中数据采集的技术原理 ·················· 1
  第二节 数据采集设备与传感器技术 ·················· 10
  第三节 数据采集的环境适应性分析 ·················· 19

第二章 游泳运动员水中运动学参数分析 ·················· 26
  第一节 身体姿态与流线型分析 ·················· 26
  第二节 划水动作的运动学特征 ·················· 32
  第三节 转身与出发动作的技术解析 ·················· 40

第三章 游泳运动员水中动力学参数分析 ·················· 46
  第一节 水阻力与推进力的测量方法 ·················· 46
  第二节 划水效率与动力输出关系 ·················· 51
  第三节 动力学参数与能量消耗的关联分析 ·················· 60

第四章 游泳运动员水中数据采集系统的集成与应用 ·················· 70
  第一节 多源数据融合与同步技术 ·················· 70
  第二节 数据采集系统的实时性与准确性 ·················· 77
  第三节 数据采集系统在训练中的应用模式 ·················· 84

第五章 游泳运动员水中数据分析模型构建 ·················· 90
  第一节 数据预处理与特征提取方法 ·················· 90
  第二节 运动表现预测模型的构建 ·················· 101
  第三节 数据分析模型的验证与优化 ·················· 108

第六章　游泳运动员水中数据采集的社会影响与价值 ………………… 119
　第一节　数据采集对游泳运动普及的推动作用 ………………………… 119
　第二节　数据采集对体育科技产业的促进作用 ………………………… 125
　第三节　数据采集对社会健康与健身文化的贡献 ……………………… 133

第七章　游泳运动员水中技术优化策略 …………………………………… 142
　第一节　基于数据的技术动作改进方法 ………………………………… 142
　第二节　技术优化与运动效率提升的关系 ……………………………… 150
　第三节　技术优化对竞技表现的影响分析 ……………………………… 160

参考文献 …………………………………………………………………………… 169

第一章　游泳运动员水中数据采集基础

第一节　水中数据采集的技术原理

一、水中数据采集的物理原理

(一)水介质中信号传播的物理特性

水作为传播介质,其密度、温度、杂质等因素对信号的传播路径和速度有显著影响。水的密度较空气大,因此在水中传播的信号速度相比于空气中会有所减缓。具体而言,水的密度影响声波和电磁波在水中的传播速度,这种影响在水下通信和数据采集中需要特别注意。此外,水中信号在传播的过程中,声波和电磁波的传播特性存在明显差异,声波在水中传播速度较快且能量损耗较低,而电磁波则因水的高导电性而迅速衰减。因此,在水中进行数据采集时,通常选择声波作为主要的信号载体。

水的密度对信号传播速度的影响是水中数据采集需要考虑的重要因素之一。水的密度不仅影响声波的传播速度,也对电磁波的传播产生影响。通常情况下,水的密度随温度和压力的变化而变化,这种变化直接影响到信号在水中的传播速度。因此,在进行水中数据采集时,需要根据具体的环境条件对信号传播速度进行校正,以确保数据采集的准确性和有效性。特别是在深水区,水的密度变化更为显著,对信号传播的影响也更加明显。

水中声波与电磁波传播特性的差异是水中数据采集技术需要解决的另一个关键问题。声波在水中传播时,由于水的密度大,传播速度相对较快,且能量损耗较小,适合用于远距离的信号传输。然而,电磁波在水中传播时,由于水的高导电性,信号衰减速度快,传播距离有限。因此,在水中数据采集时,通常采用声波作为主要的信号载体,而电磁波则用于短距离的高精度数据传输。

水中温度变化对信号传输的影响也是水中数据采集需要考虑的因素之一。水温的变化会导致水密度的变化,从而影响到声波和电磁波的传播速度。此外,温度变化还可能导致水中信号的折射和反射,进而影响其传播路径。因此,在进行水中数据采集时,必须对水温进行实时监测和校正,以确保数据的准确性。

水中杂质对信号的衰减作用是水中数据采集面临的一个挑战。水中的悬浮颗粒、溶解物质等杂质会导致声波和电磁波的散射和吸收,从而增加信号的衰减速率。特别是在浑浊水域,这种影响更加显著。因此,在进行水中数据采集时,需要对水质进行评估,并采取相应的措施来减小杂质对信号传播的负面影响。

(二)水中数据采集的力学与流体力学

水中数据采集的力学与流体力学是理解游泳运动员在水中表现的关键。流体力学为分析水流与运动员身体之间的相互作用提供了理论支持。在游泳中,运动员的每一个动作都会受到水的力学作用,包括浮力、阻力和推力等。浮力使运动员能够漂浮,而阻力则是运动员需要克服的主要挑战之一。通过精确测量这些力学参数,教练可以帮助运动员优化游泳技术,提高运动表现。

水中流体力学的基本原理及其对游泳运动员的影响是数据采集的重要组成部分。流体力学研究水流的运动规律,尤其关注流体的速度、压力和湍流特性。这些因素直接影响游泳运动员的速度和效率。通过分析流体力学数据,教练可以调整运动员的姿态和技术,以减少阻力,增加推进力,从而提高游泳速度和效率。这种分析不仅提高了运动员的竞技水平,还能帮助其预防运动损伤。

水流速度与游泳姿态的关系及其对阻力的影响是游泳技术优化的核心。不同的游泳姿态会导致不同的水流速度和阻力分布。通过数据采集,可以分析运动员在不同姿态下的阻力变化,找到最优的姿态以降低阻力,提高速度。科学的姿态调整不仅可以提高运动员的表现,还能节省体能。这种技术分析对于专业运动员和教练团队来说,是制订训练计划和比赛策略的重要依据。

浮力原理及其在游泳运动中的应用是游泳运动员在水中保持平衡和稳定的基础。浮力的大小取决于运动员的体积和水的密度。通过数据采集,可以精确计算出运动员在不同深度和姿态下的浮力变化。这些数据帮助运动员调整身体姿态以保持最佳的浮力状态,从而提高游泳效率。浮力分析在游泳教学和训练中具有重要的指导作用,能够帮助运动员更好地理解和应用浮力原理。

水中湍流与层流的特征及其对数据采集的影响是流体力学研究的重点之一。湍流和层流是水流运动的两种基本形式,湍流具有较高的能量损耗,而层流则相对稳定。通过数据采集,可以分析运动员在不同游速下的湍流和层流特征,优化游泳技术以减少湍流带来的能量损耗。这种分析对于提高游泳速度和效率具有重要意义。

二、数据采集的信号传输与处理机制

(一)信号传输的编码与解码技术

在游泳运动员的训练和比赛中,实时获取准确的数据是技术分析的基础。编码技术通过将原始数据转换为适合传输的格式,确保数据在水中环境中的有效传递。解码技术则负责将接收到的编码信号还原为原始数据,以便进行后续分析。信号的编码与解码过程需要考虑水中信号传输的特殊性,包括信号衰减和多路径效应等因素,这些因素可能会影响信号的完整性和准确性。

在水中环境中,信号编码技术的应用尤为重要。由于水的介质特性,信号在传输过程中容易受到衰减和干扰,这就要求编码技术能够有效地增强信号的抗干扰能力。通过采用先进的编码方案,如卷积编码和Turbo编码,可以提高信号在水中传输的鲁棒性(Robustness)和可靠性。这些技术不仅提高了数据传输的准确性,还能有效地减少传输错误,确保运动员的生理和运动数据能够被准确地捕捉和分析,为技术改进提供可靠的数据支持。

水中环境对信号解码过程的影响是多方面的。首先,水的密度和温度变化会对信号的传播速度产生影响,进而影响解码的准确性。其次,多路径效应是水中信号传输的常见问题,信号在传输过程中可能会经过不同路径到达接收器,导致信号的时延和相位变化,增加了解码的复杂性。为此,解码技术需要具备良好的抗干扰能力和误码校正能力,以应对水中复杂的传输环境,确保数据的完整性和可靠性。

不同的编码方案在数据传输效率上有显著差异。传统的编码方案如曼彻斯特编码虽然简单,但在水中传输效率不高。相比之下,采用高级编码方案如LDPC(低密度奇偶校验)编码,可以显著提高数据传输的效率和可靠性。这些高级编码方案通过增加冗余信息和复杂的校验机制,能够有效地抵抗水中信号传输的干扰和衰减,提高数据传输的速度和准确性,为水中数据采集提供了更为稳健的技术支持。

抗干扰编码技术在水中数据采集中具有重要的应用价值。由于水中信号易受环境噪声和干扰的影响,采用抗干扰编码技术可以显著提高数据传输的稳定性和准确性。通过使用如卷积码和Turbo码等抗干扰编码技术,可以有效降低误码率,提高信号的传输质量。这些技术在实际应用中,能够在复杂的水下环境中提供可靠的数据传输支持,确保运动员的训练数据准确无误地被采集和分析。

(二)信号处理中的滤波与降噪方法

水中的信号传输常受到多种因素的干扰,如水流、反射和噪声等,这些干扰可能导致信号失真。因此,滤波与降噪技术的应用显得尤为重要。自适应滤波技术在这一领域中表现出色,其能够根据环境的变化动态调整滤波参数,从而提高信号提取的准确性。这种技术通过实时分析环境条件,有效地减少了噪声对信号的影响,使得采集到的数据更加可靠。

自适应滤波技术的核心在于其灵活性和适应性,能够在复杂多变的水环境中保持良好的信号处理效果。通过实时监测环境变化,自适应滤波技术可以自动调整自身的参数设置,以最优的方式进行信号处理。这种动态调整能力使其在水中数据采集过程中,特别是在充满不确定性和复杂性的环境中,成为一种不可或缺的工具。

小波变换方法在水中数据降噪中的有效性,能够在保留信号重要特征的同时,去除高频噪声。小波变换通过将信号分解成不同的频带,能够精确地识别和分离出噪声成分。其多分辨率分析的特性,使其在处理信号的同时,能够有效地保留信号重要特征。这种方法特别适合处理非平稳信号,能够在水中数据采集中提供高效的降噪效果。小波变换的灵活性和适应性强,为水中信号处理提供了一种强有力的工具。

卡尔曼滤波算法(Kalman filtering)在实时水中数据处理中的优势,能够实现对动态变化信号的预测与修正,提高数据的可靠性。卡尔曼滤波是一种递归算法,能够在实时处理中对信号进行预测和更新。其通过对系统状态的估计,不仅能够有效地滤除噪声,还能在信号变化时进行动态调整。卡尔曼滤波的实时性和高效性,使其在需要快速响应和高精度的水中数据采集中,成为一种理想的选择。

(三)信号传输与处理的实时性优化

为了在复杂的水中环境中实现高效、低延迟的数据传输,实时数据传输协议的选择与优化是关键。通过分析不同协议在水中信号传输中的表现,研究者们可以选择最为适合的协议来降低数据延迟,确保运动员在训练或比赛中获得及时的反馈。这种优化不仅需要考虑协议本身的特性,还需要结合水中环境的特殊性,以实现数据的快速、可靠传输。

边缘计算技术的应用是提升信号传输实时性的另一重要手段。通过在数据采集设备上进行初步处理,边缘计算能够有效减少数据传输量,降低中心服务器的负担。这种方法允许设备在本地进行简单的计算和数据筛选,从而加快数据处理速度。特别是在游泳运动员的训练过程中,边缘计算技术的应用可以为教练和运动员提供即时的反馈,帮助他们在最短的时间内调整训练策略,提高训练效率。

动态带宽管理策略是适应水中信号传输条件变化的有效方法。由于水中环境的特殊性,信号传输的条件可能随时发生变化,因此,动态带宽管理策略能够根据实际情况调整数据流量,保持稳定的实时传输。这种策略不仅提高了信号传输的效率,还能在一定程度上节省带宽资源,降低数据传输的成本。通过实时监测和调整带宽,数据传输的稳定性和可靠性得到了显著提升。

多信道信号传输技术通过利用多个信道同时传输数据,增加了数据传输的冗余性和可靠性。在水中数据采集过程中,单一信道的传输可能受到环境干扰而导致数据丢失,而多信道技术则能够有效避免这一问题。通过多信道的协同工作,即便某一信道出现问题,其他信道仍能继续传输数据,确保数据的完整性和实时性。这一技术的应用,大大提高了水中数据采集的成功率。

三、数据采集的精度与误差控制方法

(一)数据采集精度的量化评估指标

数据采集精度的量化评估是确保游泳运动员水中数据采集有效性的关键环节。量化评估指标通常包括测量不确定度和精度等级。测量不确定度是指测量结果与真实值之间可能的偏差范围,而精度等级则是对测量设备性能的综合评价。这些指标的确定需要结合具体的测量环境和设备特性,以便在复杂的水下环境中提供可靠的数据支持。通过对精度的量化评估,可以有效识别和控制数据采集过程中的潜在误差来源,从而提高数据的可信度和适用性。

在游泳运动员水中数据采集中,统计误差分析是确保数据准确性的关键。系统误差是指由于测量系统本身的缺陷或外界环境条件变化而引起的误差,这种误差通常具有规律性,可以通过校准和补偿方法加以修正。随机误差则是由于测量过程中不可控的随机因素引起的误差,表现为数据的波动性。对系统误差和随机误差的有效评估,需要采用多次测量和统计分析的方法,通过计算均值、方差等统计量来识别误差特征,进而制定相应的误差控制策略,以提高数据的精确度和稳定性。

校准是确保数据采集设备测量结果准确性与一致性的基础。校准标准的制定需要依据国际和国内的相关规范,结合具体的测量需求和环境条件。校准过程通常包括设备的初始校准和定期校准,以确保设备在长期使用中的性能稳定。通过对比测量结果与标准值,校准可以有效识别设备的系统误差,并进行必要的调整和补偿。此外,校准还涉及对设备的灵敏度、线性度等性能指标的验证,以保证设备在不同测量条件下的可靠性和一致性。

信号噪声比(Signal-to-Noise Ratio,SNR)是衡量数据采集过程中信号清晰度和可靠性的重要指标。在游泳运动员水中数据采集中,SNR直接影响到数据的可用性和分析的准确性。高SNR值通常意味着信号在噪声背景下的突出性较强,有助于区分有效信号与噪声干扰。SNR的量化需要通过对信号和噪声的功率进行测量和计算,通常采用信号的均方根值与噪声均方根值的比值来表示。提高SNR可以通过优化传感器设计、改进数据处理算法以及增强信号滤波技术等方法实现,从而提高数据采集的质量。

(二)误差来源分析与校正技术

为了确保数据采集的准确性,首先需要识别和分析误差的来源。系统误差通常是设备的固有缺陷或环境条件不变情况下的偏差所导致的。通过对设备进行标准化测试与校准,可以识别这些系统误差。标准化测试包括在已知条件下测量设备的响应,并将其与标准值进行比较。校准过程中,调整设备的测量参数以匹配标准值,从而确保在特定条件下的测量结果准确性。这一过程不仅提高了数据的可靠性,也为后续分析提供了坚实的基础。

随机误差是由于测量过程中的不可控因素引起的,具有不可预测性和随机性。为了有效处理随机误差,统计学方法被广泛应用。通过对多次测量结果进行统计分析,可以评估数据的离散程度。具体方法包括计算标准差和方差,以量化数据的变异性。此外,通过多次测量取平均值的方法,可以有效降低随机误差的影响。这种方法在实践中被证明是提高数据精度的重要手段,特别是在游泳环境中,水的流动性和不稳定性对测量结果影响较大,使用统计分析方法显得尤为重要。

环境因素对数据采集误差的影响也是不容忽视的。水温、水质及水流速度的变化都会对传感器的性能产生影响。例如,水温的变化可能导致传感器灵敏度的波动,水质的不同会影响传感器的响应速度,而水流速度的变化则可能导致测量值的偏差。为此,必须对这些环境因素进行详细分析,并制订相应的补偿措施。例如,可以通过建立环境参数与传感器输出之间的数学模型,来预测并校正由于环境变化引起的误差。这种方法不仅提高了数据的可靠性,也为游泳运动员的训练和比赛提供了更为准确的技术支持。

传感器性能的衰减是影响数据采集精度的另一个重要因素。随着使用时间的增加,传感器的灵敏度和响应特性可能会下降,从而导致测量误差的增加。为了监测和调整传感器性能,需要定期评估其工作状态。这包括测试传感器的灵敏度、响应时间以及在不同条件下的稳定性。针对性能下降的传感器,应及时进行必要的维护和校正,例如更换老化的部件或重新校准设备。这些措施能够有效延长传感器的使用寿命,并确保数据采集的持续准确性。通过对传感器性能的监测与调整,确保了游泳运动员水中数据采集的高精度和高可靠性。

四、多源数据融合的技术实现路径

(一)多源数据融合的算法设计与优化

在游泳运动员的水中数据采集中,多源数据融合是一项关键技术。其核心在于通过有效的算法设计与优化,将来自不同传感器的数据进行整合,以提供更为全面和准确的运动表现分析。多源数据融合的算法设计需要考虑多种因素,包括数据的异构性、时间同步性以及数据完整性等。优化算法则旨在提高数据处理的效率和准确性,减少由于数据冗余或噪声带来的干扰,最终实现对运动员水中表现的精准评估。

多源数据融合指的是将来自不同来源的数据进行整合,以获得更为准确和全面的信息。在游泳运动员的数据采集中,常用的数据源包括加速度计、陀螺仪、心率监测器以及水下摄像设备等。通过多源数据融合,可以克服单一数据源的局限性,实现对运动员技术动作、身体姿态和生理指标的综合分析。这不仅能够帮助教练制订更有效的训练计划,还能为运动员提供科学的技术改进建议,从而提升其竞技水平。

加权平均法是一种常用的多源数据融合算法,其基本原理是根据不同数据源的重要性或可靠性赋予不同的权重,然后对数据进行加权平均。在游泳运动员的数据采集中,使用加权平均法可以有效地平衡各个数据源的贡献,优化数据的可靠性。例如,在整合运动员的速度和加速度数据时,可以根据传感器的精度和稳定性分配权重,从而获得更为准确的运动表现数据。

贝叶斯定理提供了一种处理不确定性数据的有效方法。在游泳数据采集中,数据的不确定性可能来自传感器的噪声、数据丢失或环境干扰等。通过贝叶斯数据融合算法,可以在结合先验知识和观测数据的基础上,动态调整数据的权重,从而提升数据整合的能力。这种方法特别适用于处理复杂的水中环境数据,能够为运动员的技术分析提供更加可靠的支持。

特征选择技术在多源数据融合中扮演着重要角色,其主要目的是从大量的原始数据中提取出最具代表性和区分性的特征,以提升数据处理的效率和准确性。在游泳运动员的数据分析中,通过合理的特征选择,可以减少数据的冗余性,降低计算复杂度,同时提高模型的预测性能。这一过程需要结合领域知识和统计方法,以确保选取的特征能够准确反映运动员的技术动作和生理状态。

(二)数据融合中的时间同步与空间对齐

在多源数据融合中,时间同步与空间对齐是两个关键的技术环节。时间同步技术的基本原理是确保不同传感器在数据采集时的时间一致,以避免因时间差异导致的数据不准确。这对于游泳运动员的水中数据采集尤为重要,因为任何细微的时间偏差都可能导致对运动轨迹或动作的误判。通过高精度的时钟同步技术,不同传感器能够在同一时间点进行数据记录,从而保证数据的时间一致性。

空间对齐算法的应用则是通过几何变换和插值技术,将来自不同传感器的数据在空间上对齐,以实现更高的融合精度。在游泳运动员的动作分析中,不同传感器可能安装在不同的位置,如何将这些位置的数据统一到一个参考坐标系中,是空间对齐需要解决的问题。通过使用先进的几何变换方法和插值技术,可以有效地将各个数据源的空间信息进行统一和整合,从而提高数据融合的整体精度。

时间同步技术不仅涉及采集时的同步,还需要考虑数据融合中的时间延迟补偿策略。这是因为在信号传输过程中,可能会出现不同程度的延迟,从而影响数据的实时性和准确性。通过设计合理的延迟补偿策略,可以在数据融合时对这些延迟进行动态调整,确保融合结果的实时性和准确性,进而为游泳运动员的技术分析提供更可靠的数据支持。

在多源数据的同步采集方法中,使用统一的时钟源或时间戳技术是常见的解决方案。统一时钟源可以为所有传感器提供一致的时间基准,而时间戳技术则可以在每次数据采集时记录确切的时间点,确保不同传感器的数据在同一时间窗口内被采集。这种方法有效地解决了多源数据在时间上的同步问题,为后续的融合分析提供了坚实的基础。

(三)多源数据融合系统的性能测试与评估

性能测试主要关注系统在不同条件下的稳定性和准确性。通过一系列严格的测试,可以量化系统的性能指标,包括数据完整性、准确性和实时性。这些参数是评估系统能否满足实际应用需求的重要标准。在游泳运动员的训练和比赛中,数据的实时性尤为重要,因为它直接影响到教练对运动员表现的即时反馈和调整策略。

多源数据融合系统的性能评估指标包括数据完整性、准确性和实时性等关键参数的量化标准。这些指标不仅反映了系统的基础性能,还直接关系到数据的可靠性和应用价值。数据完整性确保所有传感器采集的数据能够无遗漏地集成到系统中;准确性代表数据的精确度和可信度;实时性指系统处理和反馈数据的速度。通过对这些指标的量化评估,可以确保系统在实际应用中的有效性和可靠性。

在不同环境条件下进行融合系统的稳定性测试,是确保系统在各种水下环境中都能正常工作的必要步骤。评估系统在水质变化、温度波动等情况下的表现,可以帮助研究人员识别和解决潜在的问题。这些测试能够揭示系统在极端条件下的适应能力,从而为系统的优化和改进提供数据支持。通过这些测试,研究人员可以确保系统在各种环境下都能提供稳定和可靠的数据支持。

数据融合结果的可视化分析,通过图形化手段展示融合数据的变化趋势和特征,便于理解和应用。可视化工具可以帮助教练和运动员更直观地理解复杂的数据,识别出关键的表现指标和趋势。这种分析不仅可以提高数据的可读性,还能为运动员的训练和比赛策略提供重要的参考依据。通过可视化分析,数据的应用价值得到了极大的提升。

多源数据融合系统在实际应用中的响应时间测试,是确保系统在动态环境下能够快速处理和反馈数据的关键。响应时间的长短直接影响到系统对运动员表现的实时反馈能力。在游泳运动中,任何延迟都可能导致关键决策的滞后。因此,通过严格的响应时间测试,可以确保系统在动态环境下的高效运行,为教练和运动员提供及时和准确的数据支持。

第二节　数据采集设备与传感器技术

一、传感器的工作原理与分类

(一)传感器的基本工作原理与类型

传感器在游泳运动员水中数据采集中的应用至关重要,其基本工作原理涉及感知、转换和输出三个主要步骤。首先,传感器通过感知元件检测物理量、化学量或生物量的变化,并将其转换为电信号,这是数据采集的第一步。其次,转换过程通常依赖于传感器内部的敏感元件,这些元件能够对外界变化做出快速反应,从而生成相应的电信号。最后,传感器将这些信号输出给数据采集系统,以便进行进一步的分析和处理。不同类型的传感器可以根据其感知的量进行分类,涵盖了从温度、压力到化学成分等多种类型。这些多样性使得传感器能够在复杂的水下环境中有效工作,为运动员的技术分析提供了丰富的数据支持。

在传感器的分类中,依据物理量、化学量和生物量的不同,传感器可被划分为多个类别。物理量传感器主要用于测量诸如温度、压力和速度等参数,而化学量传感器则专注于检测水中的化学成分变化,如pH值和氧含量。生物量传感器则用于监测生物体的生理参数,如心率和呼吸频率。每种类型的传感器都有其特定的应用场景和设计要求。例如,水中传感器需要具备防水性、耐压性和温度适应性,以确保在苛刻的水下环境中能够稳定工作。这些设计要求直接影响传感器的性能和可靠性,是选择和使用传感器时必须考虑的关键因素。

水中传感器的设计必须考虑其输出信号的类型,通常分为模拟信号和数字信号。模拟信号传感器输出的信号是连续的,能够提供更精细的变化信息,适合需要高精度测量的场合。然而,模拟信号容易受到噪声干扰,因此在传输和处理过程中需要特别注意。相比之下,数字信号传感器输出的信号是离散的,具有抗干扰能力强、易于传输和处理的优点,适合用于长距离数据传输和复杂的信号处理场景。选择何种信号类型的传感器,取决于具体的应用需求和环境条件。

(二)传感器在水中的数据采集特性

水环境的特殊性要求传感器具备高度的适应能力,以便在复杂的水体条件下获取准确的数据。传感器在水中的性能不仅依赖于其灵敏度和分辨率,还需要考虑水流的动态变化和波动对测量结果的影响。高性能的传感器能够在快速变化的水流中保持稳定的输出,确保数据的可靠性和一致性。此外,传感器的设计必须能够抵御水中杂质和生物附着对测量的干扰,确保长时间使用的稳定性和准确性。

传感器在水中数据采集时需具备防水密封设计,这是确保设备在水下正常工作的基本要求。水分的渗入不仅会导致传感器的性能下降,还可能引发设备的故障。因此,防水密封设计需要经过严格的测试,以确保在高压和低温的水下环境中保持良好的密封性能。密封材料的选择也是关键,通常需要具备耐磨损和耐老化的特性,以延长设备的使用寿命。防水设计的优劣直接影响到传感器的使用效果和数据的准确性。

水中传感器的材料选择至关重要,须具备良好的耐腐蚀性和耐压性。水体的化学成分和物理条件各异,特别是在海水或污染水体中,腐蚀性物质对传感器的材料提出了更高的要求。耐腐蚀材料不仅能够延长传感器的使用寿命,还能保证在不同水质条件下的测量精度。此外,耐压材料的使用确保传感器能够在不同深度的水域中正常工作,避免因水压变化导致设备损坏和数据失真。

传感器在水中工作的灵敏度与分辨率需经过严格测试,以确保在动态水流和波动环境下的准确测量。灵敏度决定了传感器对微小变化的感知能力,而分辨率则影响数据的精细程度。在水中,传感器需要能够快速响应水流速度、方向及温度的变化,以便为运动员提供实时的反馈信息。高灵敏度和高分辨率的传感器能够捕捉到细微的水流变化,帮助分析运动员的动作细节和效率。

水中传感器的信号输出方式应与数据采集系统兼容,以确保模拟信号与数字信号的有效转换与传输。不同的信号输出方式对数据的传输速度和准确性有直接影响。在水下环境中,信号的传输可能受到多种因素的干扰,因此,选择合适的输出方式和传输协议至关重要。兼容性好的传感器能够无缝连接到数据采集系统中,提供稳定的信号输出,确保数据的实时性和完整性。

(三)传感器选择的技术标准与依据

在游泳运动员水中数据采集过程中,传感器的选择至关重要。传感器选择的技术标准与依据是确保数据采集系统有效运行的基础。首先,传感器的选择应基于其工作温度范围与水中实际温度条件的匹配。水温的变化会影响传感器的性能,选择适宜的工作温度范围可以确保数据采集的可靠性和准确性。对于游泳运动员而言,水温通常在一定范围内波动,传感器必须在此范围内保持稳定的性能,以避免温度变化导致的数据误差。

其次,传感器的防水等级是另一个关键标准。水中环境对设备的要求极高,传感器的防水等级须符合国际标准,以保证其在水中环境下的安全性和耐用性。高防水等级不仅能防止水分的浸入,还能在长时间的使用中保持设备的稳定性,从而为运动员的训练和比赛提供持续可靠的数据支持。防水能力的不足可能导致数据采集中断,甚至损坏设备,因此在选择传感器时必须严格遵循防水标准。

最后,传感器的响应时间是影响实时数据采集的重要因素。在游泳运动中,运动员的动作快速且变化多端,传感器的响应时间必须足够快,以适应这种动态环境。快速响应能够确保实时数据的准确性,使教练和运动员能够及时调整训练策略。响应时间过长的传感器可能导致数据滞后,影响对运动员表现的即时分析,因此在传感器选择时必须优先考虑其响应速度。

二、水下传感器的设计与性能优化

(一)水下传感器的结构设计与材料选择

传感器外壳必须具备优良的防水性能,以防止水分渗入导致设备故障。防水性能直接影响传感器的使用寿命和可靠性,因此在设计过程中,需充分考虑接缝、接口及密封材料的选择。材料的选择同样至关重要,优先考虑耐腐蚀性强的合金或塑料,以适应不同水质环境的要求。这些材料不仅要能够抵御盐水、氯水等腐蚀性介质的侵蚀,还需在长时间的水下使用中保持机械强度和结构完整性。

在传感器的结构设计中,水流阻力是一个不可忽视的因素。优化外形以减少在水中运动时的阻力影响,不仅可以提高传感器的测量精度,还能降低能耗,从而延长设备的续航时间。因此,流体力学的应用在设计阶段显得尤为重要,通过模拟和实验相结合的方法,可以找到最佳的外形设计方案。此外,传感器内部组件的布局也需合理,以保证信号传输路径短且高效,降低信号衰减。信号衰减会影响数据的准确性,合理的布局设计可以有效减少这一问题。

传感器的密封技术是保证设备在水下长期稳定运行的另一重要环节。采用高标准的密封材料和工艺,确保在高压水环境中不发生泄漏,是传感器设计成功的关键。密封性能不仅影响传感器的防水能力,还关系到其内部电子元件的保护及信号的稳定性。在设计过程中,需结合不同应用场景的需求,选择适合的密封方案,以确保传感器在长期使用中的稳定性和可靠性。这些设计细节的优化,最终都指向一个目标,即在各种复杂的水环境中,确保传感器能够提供准确、稳定的数据支持,为游泳运动员的训练和技术分析提供坚实的基础。

(二)传感器性能优化的关键技术路径

在游泳运动员的训练和比赛中,传感器的灵敏度直接影响数据的精确度。通过改进传感器的材料和设计,可以显著增强其对微小水流变化的响应能力。例如,纳米材料的应用能够提高传感器的灵敏度,使其在检测水流细微变化时更加敏锐,从而确保数据的准确性。这种优化不仅有助于捕捉运动员在水中微小的技术动作变化,也为教练提供了更为详尽的技术分析依据。

信号处理算法的先进性在传感器性能优化中同样不可或缺。采用先进的信号处理算法可以有效提升传感器输出信号的质量,减少噪声干扰,提高数据采集的可靠性。通过滤波、去噪和信号增强等技术手段,能够在复杂的水下环境中仍然保持数据的高精度和一致性。这种技术进步为游泳运动员的技术分析提供了更为清晰和准确的数据支持,帮助他们在训练中进行更有针对性的改进。

模块化设计是传感器性能优化的另一重要路径。通过实现传感器的模块化设计,能够在不同环境下快速更换和升级传感器组件,提高其适应性和维护效率。这种设计理念不仅降低了设备的维护成本,也提高了传感器在多变的水下环境中的适应能力。对于游泳运动员来说,这意味着他们可以在不同的训练场景中获得一致的技术分析数据,进而优化训练效果。

智能校准技术的开发为传感器性能优化提供了新的思路。通过智能校准技术,传感器能够自动调整其参数以适应不同的水质和温度条件,确保数据采集的一致性和准确性。这种技术的应用,使得传感器在复杂多变的水下环境中仍能保持高水平的性能表现,为游泳运动员的技术分析提供了可靠的数据基础。

(三)传感器性能测试与优化

通过系统的测试与优化流程,能够确保传感器在复杂水下环境中的准确性和可靠性。传感器性能测试的标准化流程是保证测试结果可靠性与一致性的关键。该流程包括严格的测试环境控制、设备校准以及数据记录的规范化。测试环境的控制需要考虑水温、水流速率等因素,设备校准确保传感器在不同条件下的精确性,而数据记录的规范化是为后续分析提供高质量数据支持。

在评估传感器性能时,采用多种测试方法是必不可少的。这些方法不仅评估传感器的响应时间和灵敏度,还确保其在不同水流条件下的适应性与准确性。响应时间的测试能够揭示传感器对环境变化的快速反应能力,灵敏度测试则评估其在检测微小变化时的能力。通过在不同水流条件下的测试,可以验证传感器在动态环境中的稳定性和准确性,从而为实际应用提供可靠的数据支持。

实施长期稳定性测试同样是传感器性能优化的重要步骤。通过监测传感器在不同温度和水质条件下的性能变化,可以评估其耐用性和可靠性。温度和水质的变化可能会影响传感器的材料和信号传输性能,因此,长期稳定性测试能够揭示其在长期使用中的潜在问题,确保传感器在各种环境条件下保持高效工作。

开发基于模拟与数字信号的综合测试方案是提升传感器性能的有效手段。通过评估传感器在实际应用中的信号输出质量与传输效率,能够发现并解决信号传输中的瓶颈问题。模拟信号测试关注传感器的基本物理性能,而数字信号测试则评估其在数据传输过程中的完整性和效率。这种综合测试方案能够全面提升传感器的整体性能,确保其在复杂应用环境中的出色表现。

三、数据采集设备的防水与耐压技术

(一)防水与耐压技术的实现原理

在游泳运动员水中数据采集过程中,设备的防水与耐压能力至关重要。防水技术的基本原理主要依赖密封材料和结构设计,旨在防止水分侵入设备内部。密封材料通常选用高分子聚合物,其优异的耐水性能能够有效阻隔水分。同时,结构设计则强调设备各部件的紧密结合,通过精密的制造工艺,确保每一个连接处都能抵御水的渗透。此外,防水涂层技术的应用也不可忽视,特殊的涂层能够进一步增强设备表面的防水性能,从而延长其使用寿命。

耐压技术的实现则需要通过选用高强度材料和优化结构设计来承受水下高压环境。在水下,设备不仅要面对高压的挑战,还要在运动员快速运动时保持稳定性。高强度合金和复合材料的使用成为耐压设计的核心,这些材料不仅强度高,还具备良好的韧性,能够在高压环境下保持结构完整性。结构设计方面,采用流线型设计和加强肋结构,有效分散压力,避免局部应力过大导致设备破损。

防水与耐压测试标准的制定是确保设备在实际使用条件下性能符合设计要求的关键。国内外在这方面有着不同的标准和测试方法,但核心目标一致,即确保设备在严苛的水下环境中仍能可靠工作。测试通常包括静态水压测试、动态水压测试以及长时间浸泡测试等,模拟设备在实际使用中的各种极端情况,以验证其防水和耐压性能是否达到设计预期。

(二)设备密封性与耐久性的测试方法

密封性测试的气压法是一种常用且有效的方法。通过在设备内部施加一定的气压,并密切监测是否存在任何泄漏情况,可以评估设备的密封性能。这种方法能够精确地检测设备在不同气压条件下的密封状态,从而确保设备在水下环境中不受外界水压的影响。气压法不仅适用于新设备的密封性评估,也可用于设备在使用过程中密封性能的定期检查,确保设备的长期可靠性。

耐久性测试的循环浸泡法是评估设备在不同水质和温度条件下长时间使用性能的重要手段。将设备置于模拟的水下环境中进行长时间浸泡,观察其性能变化,能够有效评估设备在实际使用中的耐久性。通过这种方法,可以了解设备在不同环境条件下的材料稳定性和功能保持能力。这一测试方法能够为设备的设计和材料选择提供重要的数据支持,确保设备在复杂的水下环境中能够长期稳定地运行。

密封材料的老化测试是设备耐久性研究中的关键环节。利用加速老化试验,可以在实验室条件下模拟高温、高湿等极端环境,评估密封材料的耐久性和性能衰减情况。这种方法可以快速获得材料在恶劣条件下的老化数据,为材料的选择和改进提供科学依据。密封材料的老化测试不仅有助于提高设备的密封性能,也能延长设备的使用寿命,降低使用过程中的维护成本。

耐压测试的静态加载法通过施加不同等级的静态压力,检测设备在高压环境下的结构稳定性和密封完整性。此方法能够模拟设备在深水环境下所承受的压力,评估其在高压条件下的性能表现。静态加载法可以揭示设备结构在不同压力条件下的变形和密封性能变化,为设备的设计和改进提供重要的参考依据。这种测试方法在确保设备安全性和可靠性方面具有不可替代的作用。

(三)防水与耐压技术的创新发展

近年来,随着技术的不断进步,防水与耐压技术取得了显著的创新发展。新型防水材料的研发如超疏水涂层和纳米涂层,极大地提高了设备的防水性能和耐用性。这些材料通过改变表面能和微观结构,使水珠难以附着,从而实现了优异的防水效果。同时,这些涂层材料还具有良好的耐磨性和耐腐蚀性,能够在不同的水质环境下保持稳定的性能表现。

智能防水技术的应用为数据采集设备提供了更为灵活和智能的保护。通过在设备中集成传感器,能够实时监测水分侵入情况,并根据检测结果自动调整设备状态。这种技术不仅能够在设备受到水分侵袭时提供及时的反馈,还可以通过调整内部压力或激活防水机制来避免设备损坏。这种智能化的防水技术为设备的长时间稳定运行提供了保障,并降低了维护成本。

模块化设计理念的引入,使得数据采集设备在不同环境下的防水和耐压性能可以根据需求进行快速更换和升级。这种设计理念不仅提高了设备的适应性和灵活性,还降低了整体的生产和维护成本。模块化的设计允许用户根据具体使用环境选择合适的防水模块,确保设备在极端条件下仍能正常工作。此外,模块化设计还方便了技术的快速迭代和更新。

集成防水与耐压功能的复合材料开发,是提升设备整体性能的另一重要方向。这些复合材料通过将多种功能材料结合在一起,实现了重量的减轻和性能的提升。轻质化的设计不仅减轻了运动员的负担,也提高了设备的便携性和易用性。这些复合材料通常具有优异的机械性能和耐化学性,能够在复杂的水下环境中保持稳定的性能。

基于3D打印技术的防水外壳设计,为数据采集设备的个性化和适应性提供了新的可能。3D打印技术能够实现复杂结构的防水密封,满足不同用户的个性化需求。通过这种技术,设计人员可以快速制作出符合特定需求的设备外壳,并在保持防水性能的同时,提升设备的美观性和功能性。3D打印技术的应用还缩短了生产时间、降低了生产成本,为设备的快速迭代提供了支持。

四、传感器数据的实时传输与存储

(一)实时数据传输的技术实现路径

在游泳运动员水中数据采集中,实时数据传输的技术实现路径是确保数据准确性和及时性的关键。通过选择合适的实时数据传输协议,可以有效保证传输过程中的数据完整性和低延迟性。此类协议通常需要具备较高的抗干扰能力和快速的响应速度,以适应水下环境的特殊需求。无线信号传输技术,如蓝牙和Wi-Fi,在水下环境中应用时需考虑信号衰减等特性。由于水对无线信号传输的阻碍,选择适合的频段和传输功率成为关键。研究表明,短距离传输中,蓝牙技术因其低功耗和较好的穿透能力成为优选,而 Wi-Fi 则适用于较大范围的数据传输需求。

为了提高实时传输效率,数据压缩技术的实现是不可或缺的。通过压缩算法的优化,可以显著减少需要传输的数据量,从而提高传输速度,降低传输带宽的占用。压缩技术的选择需根据数据类型和传输要求进行优化,以在保证数据完整性的同时,实现高效的传输。边缘计算技术的引入,为实时数据传输提供了新的思路。在数据采集设备上进行初步的数据处理,可以有效减轻传输负担,减少数据传输的频次和总量。边缘计算的优势在于其能够在数据源头进行处理,减少延迟,提高数据的即时性。

多通道数据传输技术的应用,为提高数据传输的稳定性与冗余性提供了支持。通过利用多个信道并行传输数据,可以有效避免单一信道故障对整体传输的影响。这种技术在水下环境中尤为重要,因为水下信号传输的不确定性较高。多通道技术的实现需要考虑信道间的干扰和同步问题,以确保数据的完整性和一致性。总之,实时数据传输的技术实现路径在游泳运动员水中数据采集中扮演着至关重要的角色,其技术的选择与应用直接影响到数据采集的质量和效率。

(二)数据存储的容量与安全性优化

在游泳运动员的水中数据采集中,数据存储的容量与安全性优化是至关重要的。数据存储技术的选择必须确保在高速数据采集过程中能够满足容量需求与读写速度的平衡。由于游泳运动员在水中运动的动态性和复杂性,传感器产生的数据量巨大,存储设备需要具备足够的容量以容纳这些数据,同时保证数据的写入和读取速度不影响实时分析。选择合适的存储介质,如固态硬盘或者高性能存储卡,可以有效提高数据处理的效率,满足实时分析的需求。

数据加密技术的应用对于保障存储数据的安全性至关重要。随着信息技术的发展,数据泄露和未授权访问的风险不断增加。因此,在游泳运动员水中数据的存储过程中,采用先进的数据加密技术,可以有效防止敏感数据被非法访问和窃取。例如,使用高级加密标准(AES)等加密算法,可以确保数据在存储和传输过程中的安全性。此外,定期更新加密密钥和使用多重身份验证机制,也有助于提升数据的安全保护水平。

为了应对数据丢失或损坏的情况,制定数据备份与恢复策略是必不可少的。这些策略能够确保在发生意外时迅速恢复数据,减少损失。定期备份是保证数据安全的重要措施之一。可以采用全备份和增量备份相结合的方法,提高备份的效率和灵活性。此外,建立完善的数据恢复机制,确保在数据损坏时能够快速恢复到最近一次的完整状态,是保障数据完整性的重要手段。

数据压缩算法的实施在优化存储空间的使用方面发挥了重要作用。通过压缩算法,可以在不损失数据质量的前提下,减少数据存储所需的空间,提高存储效率。常用的压缩技术包括无损压缩和有损压缩,具体选择应根据数据的性质和应用需求来决定。无损压缩适用于要求高保真度的数据,而有损压缩可以在允许一定误差的情况下显著减少数据量。

(三)数据传输与存储的协同工作机制

在现代游泳运动员的训练和比赛中,数据传输与存储的协同工作机制发挥着关键作用。有效的协同机制不仅能够提高数据传输的效率,还能确保数据的完整性和安全性。数据传输与存储之间的实时反馈机制尤为重要,它能够确保在数据采集后,信息能够迅速且准确地传输并存储,减少信息丢失的风险。这一机制通过实时监测数据传输过程中的各个环节,及时发现和纠正潜在的错误,从而保障数据的高效流动。此外,数据传输与存储的协同工作还需要依赖先进的技术手段来实现更高效的操作。

数据压缩与加密技术的协同应用是确保数据安全和传输效率的另一个重要方面。在数据传输过程中,压缩技术能够有效减少数据的体积,提高传输速度。而加密技术则为数据提供了安全保障,防止在传输过程中被未经授权地访问。通过这两种技术的协同应用,数据不仅能够快速传输,还能在传输过程中保持高度的安全性。存储空间的有效利用也是这一过程中的重要环节,通过压缩技术减少数据占用的存储空间,提升存储系统的整体效率。

边缘计算与云存储的结合进一步提升了数据管理与分析的效率。边缘计算允许在数据产生的源头进行初步处理,减少了需要传输到云端的数据量,从而降低了带宽需求和传输延迟。经过初步处理的数据再上传至云存储进行更复杂的分析和长期存储,这种结合不仅提高了数据处理的速度,还优化了资源的利用。高效的数据管理与分析能力为游泳运动员的训练提供了重要的技术支持,有助于分析运动员的表现并制订更为科学的训练计划。

多通道数据传输技术的实施对于确保高负载情况下数据传输的稳定性至关重要。在游泳运动员的训练中,数据采集设备需要处理大量的实时数据,多通道技术通过分散数据流量,避免了因信道拥堵导致的数据延迟。这种技术能够在高强度的训练环境中保持数据传输的连续性和稳定性,确保每一条数据都能及时传输到存储设备中,为后续的数据分析奠定可靠的基础。

第三节　数据采集的环境适应性分析

一、水温与水质对数据采集的影响

(一)水温变化对传感器性能的影响机制

水温变化在游泳运动员水中数据采集中扮演着重要的角色,直接影响传感器的性能与数据的准确性。传感器的灵敏度对水温变化极为敏感,温度的升高或降低可能导致传感器响应速度的变化。具体而言,当水温升高时,传感器的响应速度可能加快,这在某些情况下能够提高数据采集的效率。然而,过快的响应速度也可能导致数据的过度波动,进而影响数据的准确性和可靠性。相反,水温的下降可能使响应速度减慢,导致数据采集的延迟和不一致性。因此,理解水温对传感器响应速度的影响机制,对于确保数据的准确采集至关重要。

水温变化不仅影响传感器的灵敏度,还会改变信号在水中的传播速度。温度升高通常会导致水的密度和黏度降低,从而加快信号的传播速度。然而,信号传输的加快可能导致数据的时序性受到影响,特别是在需要精确时序的应用场景中,这种变化可能导致数据的不同步和分析误差。为了有效应对这种情况,研究人员需要在不同水温条件下校准传感器,以确保信号传输的稳定性和数据时序的精确性。

在不同的水温条件下,传感器材料的物理性质也可能发生改变。这种变化可能导致测量的稳定性下降,增加数据采集过程中的误差。例如,某些传感器材料在高温条件下可能变得更加柔软或膨胀,影响其测量的精度和稳定性。这种物理性质的变化要求在传感器设计和材料选择时充分考虑水温的变化范围,以减少误差的产生,并提高数据采集的可靠性和准确性。

水温的变化还可能对传感器的电气性能产生影响,特别是在电阻和电容特性方面。温度变化可能导致传感器内部电阻和电容的改变,进而影响信号的传输与处理效果。例如,电阻的增加可能导致信号衰减,影响数据的完整性和准确性。因此,在数据采集系统的设计中,必须考虑水温对电气性能的影响,并采取适当的补偿措施,以确保信号传输的稳定性和数据处理的有效性。这些措施的实施有助于提高数据采集系统在不同水温条件下的适应性和可靠性。

(二)水质对数据采集信号的干扰分析

不同的水质条件可能对信号的传播产生多方面的影响,从而对数据的准确性和可靠性构成挑战。首先,水质中的悬浮物是信号干扰的主要来源之一。悬浮物会导致信号在传播过程中发生散射和吸收,直接降低信号的强度。这种散射和吸收效应不仅削弱了信号的强度,还可能导致信号传输路径的改变,进而影响数据采集的准确性。在游泳运动员的训练和比赛环境中,水质的波动可能会频繁发生,因此,理解和应对这种干扰对于确保数据采集的准确性至关重要。

水中化学物质的存在是另一个需要关注的因素。化学物质可能改变水的电导率,这一变化会直接影响信号的传播特性。电导率的变化可能导致信号的传播速度和路径发生变化,进而导致数据采集结果的不稳定性。这种不稳定性在高精度要求的运动数据采集中尤为显著,因为它可能导致对运动员表现的误判。为了应对这一挑战,数据采集系统需要具备识别和适应不同化学环境的能力,以确保数据的稳定性和可靠性。

水中的生物物质,如微生物和藻类,也可能对信号产生非线性失真。这种失真会对信号的完整性造成影响,使得数据采集的结果偏离真实值。非线性失真通常是由于生物物质对信号的非均匀吸收和散射引起的。这种情况下,数据分析需要考虑信号的非线性特征,以便进行准确的校正和调整。针对这一问题,研究人员需要开发更为先进的算法和模型,以有效消除或减弱生物物质对信号的干扰。

二、水流速度与方向对数据采集的干扰

(一)水流速度对传感器稳定性的影响

在水中数据采集过程中,水流速度的变化会直接影响传感器的响应时间,这种影响可能导致数据采集的时效性下降。具体而言,当水流速度过快时,传感器需要更长的时间来适应瞬时变化的环境,从而延迟数据的采集和传输。这种时效性的下降在高频率数据采集任务中尤为明显,因为快速变化的水流环境要求传感器具备更高的响应灵敏度和速度。此外,传感器在高水流速度下的信号输出稳定性也受到挑战,可能导致测量误差的增加,进而影响数据的准确性。

高水流速度不仅影响传感器的响应时间,还可能导致信号输出的不稳定性,增加了测量误差。特别是在游泳运动员训练或比赛时,水流的湍流状态会对传感器的测量结果产生干扰。这些干扰在动态环境中表现得尤为明显,因为水流的湍流会引发传感器信号的波动,增加数据处理的复杂性。为了保证数据的准确性,研究人员需要考虑如何在设计传感器时减少水流速度对信号输出稳定性的干扰,可能需要通过改进传感器的结构设计或者增加信号处理算法的鲁棒性来实现。

水流方向的变化同样可能导致传感器的定位误差,从而影响信号的接收质量。传感器的定位误差会直接导致数据的可靠性下降,这在水流方向频繁变化的环境中尤为突出。为了应对这一挑战,传感器设计需要考虑水流方向的多变性,可能需要在传感器中集成更为先进的定位技术,以提高数据的接收质量。此外,水流方向变化对传感器的影响还体现于信号传输路径的改变,这需要通过优化传感器的安装位置和角度来减少方向变化带来的负面影响。

在不同水流速度下,传感器的校准需求会有所不同。具体来说,每种水流条件下,传感器的校准参数可能需要进行调整,以确保数据的准确性和一致性。这一过程需要对传感器在特定水流环境中的表现进行详细分析,并根据分析结果对传感器进行相应的校准。通过针对具体水流条件进行适当调整,研究人员可以提高数据采集的精确性,为游泳运动员的训练和比赛提供更可靠的技术支持。这样的校准不仅仅是对传感器的简单调整,而是一个系统的优化过程,确保在各种水流条件下数据采集的高效性和可靠性。

(二)水流方向对数据采集精度的干扰

在游泳运动员的水中数据采集中,水流方向的变化可能显著影响传感器的定位精度,从而导致信号接收质量的下降。这种干扰不仅仅是因为水流方向的变化会改变传感器的物理位置,还因为它会影响传感器接收信号的路径和强度。在流动水体中,传感器可能会受到水流方向的干扰,这会导致测量结果出现偏差,从而影响数据的可靠性。为了在复杂的水流环境中保持数据的准确性,研究人员需要深入分析水流方向变化对传感器定位的具体影响,并采取相应的技术措施进行补偿和校正。

此外,水流方向的变化可能导致传感器面临不同的流体阻力,这不仅影响传感器的响应时间,还可能导致信号稳定性下降。传感器在不同水流方向下的响应特性会有所不同,这使得在进行数据采集时,需要根据实际的水流情况进行传感器的校准和调整,以确保数据的准确性。特别是在高流速和复杂流场中,传感器的动态响应特性可能会显著变化,因此,对传感器进行适时的校准和调整是确保数据采集精度的关键步骤。

水流方向的动态变化还可能导致信号的多路径传播,这增加了数据处理的复杂性,并可能影响采集结果的准确性。在多路径传播现象中,信号可能通过不同路径到达接收器,这会导致信号的干扰和失真,增加数据处理的难度。因此,在实际的数据采集中,需要采用先进的信号处理技术来识别和消除多路径效应,以提高数据采集的精度和可靠性。通过对水流方向变化的深入研究,可以为传感器的设计和数据处理策略的制定提供有价值的指导,从而提升游泳运动员水中数据采集的整体水平。

(三)水流干扰的补偿与校正技术

水流干扰的补偿与校正技术在游泳运动员水中数据采集中尤为重要。水流的速度和方向会对传感器的数据采集产生显著影响,导致测量结果不准确。为了提高数据的准确性,动态水流补偿算法被广泛应用。该算法通过实时监测水流的速度和方向,自动调整传感器的测量参数,使得传感器能够适应不断变化的水流环境。这种动态调整不仅提高了数据的准确性,还增强了传感器在复杂水流条件下的适应能力。

基于流体力学模型的校正技术是另一种有效的方法。此技术利用流体动力学的原理,分析水流对传感器信号的影响,从而进行系统性校正。通过建立精确的流体力学模型,可以预测水流对传感器信号的干扰程度,并据此调整测量结果。这种方法不仅能够有效减小水流干扰带来的误差,还能为传感器的设计和优化提供理论支持,从而提高整体数据采集的精度。

多传感器协同工作机制在水流干扰补偿中发挥着关键作用。通过多个传感器的联合数据采集与分析,可以减少单一传感器因水流干扰造成的误差。各个传感器在不同位置对水流进行测量,然后通过数据融合技术,综合各传感器的数据以获得更加可靠的结果。这种协同机制不仅提高了数据的可靠性,还增强了系统在复杂环境中的鲁棒性。

信号后处理技术是水流干扰补偿与校正过程中不可或缺的一环。采用滤波和数据平滑算法,可以对受水流影响的信号进行后期处理,降低噪声和干扰,从而提高数据质量。通过对信号进行频域分析和时域平滑处理,可以有效去除水流带来的高频干扰,确保数据的稳定性和准确性。信号后处理技术为数据分析提供了更为清晰的基础。

三、水下光照条件对传感器性能的影响

(一)光照对光学传感器性能的影响机制

在水下环境中,光照的变化尤其显著,直接关系到传感器的工作效率和数据的准确性。

一是光照强度的变化。强光环境下,传感器可能因过载而导致信号失真,这种情况下,传感器的输出信号可能偏离真实值,影响数据的准确性和后续分析的可靠性。在相对较暗的环境中,传感器可能无法捕捉足够的光信号,导致数据采集不完整。因此,在设计和使用光学传感器时,必须考虑光照强度的变化,并采取适当的措施进行补偿和校正,以确保数据的准确性和可靠性。

二是水下光照条件的颜色温度变化。颜色温度的改变会影响传感器的色彩还原能力,导致数据采集中的色彩失真。色彩还原能力的下降可能会影响对运动员动作的精确捕捉和分析,进而影响教练和运动员对技术动作的评估和改进。因此,为了提高数据采集的准确性,研究人员需要在光学传感器的设计中考虑颜色温度的变化,使用适当的算法进行色彩校正,以减少色彩失真对数据分析的影响。

三是水中光照的散射效应。光在水中的传播受到散射效应的影响,导致信号的衰减和失真。散射效应会降低传感器接收到的光信号强度,从而影响数据的完整性和准确性。这种情况下,研究人员需要通过优化传感器的设计和使用高效的信号处理算法来补偿光信号的衰减,确保传感器能够在复杂的光照条件下仍然提供高质量的数据。

(二)低光照条件下的数据采集优化方法

在低光照条件下进行水下数据采集时,面临的主要挑战是如何确保传感器能够准确捕获所需的信号。为此,采用高灵敏度光学传感器成为一种有效的优化方法。这些传感器具有增强的信号捕获能力,即使在光线不足的情况下,也能有效地感知和记录环境变化。这种高灵敏度的特性不仅提高了数据采集的准确性,还

在一定程度上减少了光照不足而可能导致的误差。这种技术尤其适用于夜间或深水区域的研究,能够为研究人员提供更为可靠的数据支持。

为了进一步改善低光照条件下的传感器性能,主动照明技术被引入数据采集过程中。通过使用 LED 等光源,主动照明技术可以显著提升水下环境的光照条件,从而改善传感器的性能。这种方法不仅增强了传感器对光信号的接收能力,还在一定程度上减少了环境光变化对数据采集的影响。主动照明技术的应用,使得在低光环境下进行的水下数据采集不再是一个难题,而成为一种可控的研究过程,为游泳运动员的技术分析提供了更为清晰和准确的图像数据。

多重曝光技术也是低光照条件下数据采集优化的一种重要方法。通过在同一场景下进行多次信号采集,多重曝光技术可以捕捉到更多的细节信息。在后期处理过程中,这些多次采集到的信号通过合成处理,可以显著提升图像的清晰度和细节表现。这种方法的优势在于能够在不增加光源强度的情况下,提升图像质量,从而为后续的技术分析提供更为翔实的数据支持。这一技术在游泳运动员动作捕捉和技术评估中,尤其显示出了其独特的价值。

信号增强算法的实施,是低光照条件下数据采集优化的又一重要手段。利用先进的图像处理技术,信号增强算法能够对采集到的低光信号进行后期处理,从而提高数据的可读性和有效性。这种算法通过对信号的细节进行增强和噪声的抑制,使得即使在光线极为微弱的情况下,数据依然具有较高的分析价值。这一技术的应用,为游泳运动员的技术动作分析提供了更为可靠的数据基础,有助于深入理解运动员在不同光照条件下的表现差异。

四、数据采集设备在不同水深环境中的表现

浅水与深水环境中,设备所需应对的物理条件截然不同,直接影响其性能表现。在浅水环境中,传感器承受的水压相对较低,因此对设备的密封性要求较为宽松。相比之下,深水环境中,传感器需承受更高的水压,设备必须具备更严格的防水和耐压设计,以确保其在高压条件下的正常运作。这种差异不仅影响设备的设计和制造成本,也对其在不同水深环境中的应用范围产生影响。

浅水环境通常具有较好的光照条件,这使得光学传感器的性能能够保持稳定。然而,在深水环境中,光照不足是一个普遍存在的问题,这会导致光学传感器的信号出现衰减,从而影响数据采集的准确性。由于这种光照条件的差异,在深水环境中应使用具有更高灵敏度和抗干扰能力的传感器,以确保数据的可靠性。

此外，技术人员在设备选择和数据校准过程中，也需充分考虑光照变化对数据采集的潜在影响。

在水流速度方面，浅水环境中的水流通常较为缓慢，传感器的响应时间较短，因而数据采集更为稳定。相反，深水环境中常常伴随着湍流和流速的变化，这可能导致传感器输出不稳定，增加测量误差。为了应对这种挑战，深水环境中的传感器须具备更高的响应速度和抗干扰能力，以减少流速变化对数据采集的影响。这也对传感器的设计和校准提出了更高的要求，确保其在复杂水流条件下的准确性。

温度变化也是影响传感器性能的重要因素。在浅水环境中，水温变化相对较小，因此传感器的性能能够保持稳定。然而，深水环境中水温可能存在较大波动，这会影响传感器的灵敏度和数据的准确性。为了应对水温变化带来的挑战，传感器需要具备良好的温度补偿能力，以确保在不同温度条件下的测量精度。这种温度适应性的提升，是深水数据采集设备设计中的关键技术难题。

第二章　游泳运动员水中运动学参数分析

第一节　身体姿态与流线型分析

一、身体姿态对水阻力的影响机制

（一）身体姿态与水阻力的力学关系

在游泳运动中，身体姿态与水阻力之间存在着复杂的力学关系。水作为一种密度较高的介质，对运动员的身体施加了显著的阻力。科学研究表明，运动员的身体姿态直接影响着水流的流动路径和阻力大小。通过优化身体的姿态，运动员能够有效地减少水阻力，提高游泳速度和效率。具体来说，流线型的身体姿态能够减少水流对身体的干扰，优化水流的分布，从而降低湍流产生的可能性。不同的身体姿态对水阻力的影响因运动员的体型、泳姿以及运动强度而异，这些因素需要综合考虑，以便在训练中进行针对性调整。

身体姿态的调整对于降低游泳过程中的水阻力至关重要。通过精确的姿态调整，运动员可以在保持速度的同时减少能量消耗。流线型姿态的一个关键特征是身体的各个部分（如头部、躯干和四肢）的相对位置和角度，这些因素会直接影响水流的流动路径。科学的姿态分析可以帮助运动员识别出最佳的身体排列方式，进而在比赛中实现速度和效率的最大化。研究表明，经过姿态优化训练的运动员，其游泳表现显著提高，这也为教练员在制订训练计划时提供了重要的参考依据。

在游泳运动中，身体姿态不仅影响水阻力，还对运动员的整体表现产生深远影响。通过对身体姿态的科学分析，教练和运动员可以获得关于如何优化姿态以减少阻力的具体数据支持。这种数据驱动的方法使得游泳训练更加精准和高效。对于不同体型和泳姿的运动员，姿态调整的策略可能会有所不同，这要求教练在训练中具备灵活性和适应性。通过不断地实践和调整，运动员可以在比赛中达到最佳表现，实现个人和团队的目标。

（二）不同姿态下水阻力的量化分析

在游泳运动中，身体姿态的变化对水阻力的影响是显著的。研究表明，不同的游泳姿态会导致水流分布的变化,从而影响阻力的大小。通过高精度的流体力学模拟和实验测量,能够对运动员在水中的姿态进行量化分析。实验结果显示,流线型姿态能够有效减少水阻力,而不良的姿态则会增加阻力,降低游泳效率。在分析过程中,研究人员通过动态捕捉技术记录运动员的姿态变化,并结合水动力学模型进行详细计算,得出不同姿态下水阻力的具体数值。这些数据为优化游泳技术提供了科学依据。

水阻力与身体角度变化的关系是游泳运动研究的重要课题之一。通过对运动员在水中不同角度的姿态进行分析,研究人员发现,身体的倾斜角度对水阻力的影响尤为明显。随着身体角度的增大,水流对身体的迎面阻力增加,导致整体阻力上升。因此,保持适当的身体角度对于减少水阻力、提高游泳速度至关重要。通过对比分析不同角度下的阻力变化,研究人员能够为运动员提供具体的技术指导,帮助其在比赛中达到最佳表现。

流线型姿态与非流线型姿态的阻力对比揭示了姿态优化的重要性。流线型姿态能够使水流平滑通过身体表面,减少湍流和涡流的产生,从而降低阻力。而非流线型姿态则往往伴随着较大的水流干扰,增加了运动员的能量消耗。通过对比实验,研究人员发现流线型姿态的阻力比非流线型姿态减少了约30%。这一发现强调了在游泳训练中注重姿态调整的重要性,有助于提高运动员的竞技水平。

不同体型运动员在相同姿态下的水阻力差异也是研究的重点。体型的差异会影响水流的分布和流线型效果,从而导致阻力的变化。研究表明,较为纤细的体型在水中更容易形成流线型,阻力相对较小;而体型较为壮硕的运动员则可能面临更大的水阻力挑战。因此,针对不同体型的运动员,教练需要制订个性化的训练计划,以最大化其游泳效率。在训练中,体型与姿态的结合分析能够帮助运动员实现最佳的竞技状态。

(三)减少水阻力的姿态优化策略

在游泳运动中,减少水阻力是提高运动员速度和效率的关键。优化身体姿态的训练方法是实现这一目标的重要手段。通过视频分析和反馈技术,教练和运动员可以详细观察和分析运动员在水中的姿态,从而识别出需要改进的细节。这种技术不仅可以实时捕捉运动员的动作,还可以通过慢动作回放和角度分析,帮助运动员在水中保持正确的姿势。这种视觉反馈机制能够有效地提高运动员对自身姿态的认知,进而在训练中进行针对性的调整。

增强核心肌群的力量是优化游泳姿态的另一个重要策略。核心肌群的强健与否直接关系到运动员在水中的稳定性和姿态控制能力。通过专门的力量训练，运动员可以提升核心肌群的力量和耐力，从而在游泳过程中更好地保持最佳的姿态。这不仅有助于减少水阻力，还能提高游泳的整体效率。核心力量的提升需要系统的训练计划和科学的指导，以确保运动员能够在比赛中发挥出最佳水平。

利用水中模拟训练设备进行姿态调整练习，是近年来兴起的一种有效方法。这些设备可以模拟不同的水流环境，并实时监测运动员的姿态和水阻力变化。通过这种方式，运动员可以在一个相对可控的环境中进行姿态优化练习，实时调整自己的动作以达到最佳的流线型效果。这种实时反馈机制不仅提高了训练的针对性，还帮助运动员快速找到最优姿态，从而减少水阻力。

制订个性化的游泳姿态调整方案对于每位运动员来说都是至关重要的。由于每位运动员的体型和泳姿特点各不相同，通用的优化策略往往无法满足个性化需求。因此，教练需要根据运动员的具体情况，量身定制优化策略。通过详细的体型分析和游泳动作评估，可以为运动员制订出最适合的姿态调整方案，帮助他们在比赛中获得更好的成绩。

二、身体姿态与游泳速度的定量关系

(一)姿态变化对游泳速度的影响机制

游泳运动中，游泳姿态的调整可以通过优化身体的相对角度，减少水流对身体的阻力，从而提升游泳速度。具体而言，流线型姿态的保持能够有效减少前进方向上的阻力。运动员在水中时，身体的每一个部位都可能成为阻力的来源，优化这些部位的相对位置和角度，可以显著降低整体阻力。特别是对于自由泳和仰泳等项目，流线型姿态的保持尤为关键。通过精确的姿态控制，运动员能够在水中实现更高效的推进。

头部姿态在游泳中扮演着重要角色，影响着水流的切入角度，并进而影响整体的游泳效率和速度。头部的抬高或过低都会改变水流的路径，增加阻力。因此，保持适度的头部姿态，不仅有助于减少阻力，还有助于保持身体的平衡和稳定。头部的角度应与身体其他部位协调一致，以确保最小的阻力和最佳的推进力。运动员在训练中应特别注意头部姿态的调整，以优化游泳速度。

四肢的伸展与收缩对游泳速度有直接影响，合理的肢体动作可以提高推进力,减少不必要的水阻力。在游泳中,四肢的动作不仅是推进的主要动力源,同时也是影响水流动路径的重要因素。通过科学的动作分析和技术指导,运动员可以在训练中掌握更加高效的四肢动作模式。尤其是在蝶泳和蛙泳中,四肢的协调与同步对速度的影响更为显著。通过不断地调整与优化,运动员可以实现动作的最大化效能。

身体的旋转和倾斜角度会影响水的流动路径,合理的姿态变化能够有效减少湍流的形成,提升游泳速度。旋转与倾斜是游泳技术中不可或缺的一部分,尤其是在自由泳和仰泳中,身体的旋转可以帮助运动员更好地利用水的浮力和流动特性。通过精确的旋转角度控制,运动员不仅能减少水的阻力,还能提高每次划水的效率。训练中应注重对旋转与倾斜的监测与分析,以实现技术的精确调整。

(二)姿态与速度的定量关系模型

在游泳运动中,运动员的身体姿态与游泳速度之间的关系是一个复杂而重要的研究领域。为了深入理解这一关系,建立姿态与速度的定量关系模型成为关键。通过实验数据的收集与分析,可以构建出一个数学模型,具体量化不同姿态对游泳速度的影响。此模型不仅需要考虑姿态的多样性,还需确保其在实际应用中的准确性与实用性。通过这种方式,教练和运动员可以更好地理解姿态调整如何直接影响速度,从而优化训练方法,提高运动表现。

流体动力学原理在分析运动员姿态与速度关系中起到至关重要的作用。具体而言,不同的身体姿态会导致水流切入角度的变化,这直接影响到运动员在水中的推进力。通过对这些力学因素的分析,可以明确不同姿态与游泳速度之间的关系。研究表明,某些姿态能够有效减少水阻力,从而提升速度。这一发现为运动员提供了理论支持,帮助他们在训练中进行姿态的微调,以达到最佳的速度表现。

为了进一步增强训练效果,开发基于实时数据采集的动态调整系统显得尤为重要。该系统能够实时监测运动员的姿态变化,并与速度提升进行关联分析。通过这一系统,教练和运动员可以获得个性化的训练反馈,及时调整姿态以达到最佳速度。这种实时监测与反馈机制,不仅提高了训练的科学性,还增强了运动员的自我调节能力,使他们在比赛中能更灵活地应对变化。

统计学方法为分析不同游泳姿态下的速度变化提供了有力工具。通过对大量数据的统计分析,可以建立起姿态优化与速度提升的定量关系。这一科学依据为教练员制订训练计划提供了实证支持。通过这种方法,训练不再依赖于经验,而是基于数据驱动的决策,这不仅提高了训练的效率,也为运动员的持续进步奠定了基础。

(三)基于速度优化的姿态调整策略

通过动态视频分析技术,教练和运动员可以实时监测运动员的身体姿态变化。这种技术的应用使得运动员能够在训练过程中及时调整姿态,以优化速度表现。视频分析不仅提供了直观的视觉反馈,还允许对运动员的每一个动作进行细致的分解和研究,从而识别出可能影响速度的姿态缺陷。这种实时监测和调整为运动员在竞争激烈的比赛中提供了技术保障。

结合生物力学原理,制订个性化的训练计划是提升游泳速度的另一个关键策略。每位运动员的体型和泳姿各不相同,因此需要根据个体特点进行姿态优化。生物力学研究提供了关于人体运动的深入理解,使教练能够针对不同运动员的需求,设计出最有效的训练方案。个性化训练计划不仅要考虑运动员的体型,还要考虑他们在不同泳姿下的表现特点。这种针对性的训练有助于最大化每位运动员的速度潜力。

利用水中传感器设备,教练可以收集运动员在不同速度下的姿态数据。传感器技术的发展使得这些数据的收集变得更加精准和高效。通过对数据的分析,教练可以了解不同姿态对速度的影响,从而指导训练调整。这种数据驱动的训练方法确保了每一次姿态调整都是基于科学依据,而不是凭直觉做出的决策。传感器数据的应用不仅提高了训练的科学性,还为运动员的表现提供了客观的评估标准。

实施水中模拟训练是帮助运动员找到最优身体姿态的有效手段。在这种训练中,运动员可以在不同泳速下反复练习,以找到最适合自己的姿态。模拟训练通过重复和调整,让运动员在实际比赛中能够自然地保持最佳姿态。通过这种方式,运动员不仅提升了整体游泳效率,还提升了对不同速度下身体姿态的控制能力。这种训练方法的有效性已经在多项研究中得到验证。

三、不同泳姿下身体姿态的特征比较

(一)自由泳、蛙泳、仰泳与蝶泳的姿态差异

在游泳运动中,不同泳姿的身体姿态具有显著的差异,这些差异直接影响运

动员在水中的推进效率和速度。自由泳的身体姿态强调水平姿态,运动员需要保持身体尽可能地贴近水面,四肢伸展以减少水阻力。这种姿态的核心在于通过流线型效果最大化速度,减少能量消耗。自由泳的技术要求运动员在水中的身体位置和动作的精准性,这样才能在高速游进时保持稳定的流线型状态,从而提高游泳效率。

蛙泳则表现出截然不同的身体姿态,其独特之处在于身体略微抬高,双腿向外展开并收回,形成特有的推水方式。蛙泳的推进效率很大程度上依赖于双腿的动作,这种姿态的设计使得运动员能够在每一个动作周期中获得稳定的推进力。然而,这种姿态也导致了较大的水阻力,因此,蛙泳运动员需要在技术上不断优化身体姿态,以在推进力和阻力之间找到最佳平衡。

仰泳的姿态特点在于背部朝下,运动员在水中通过双臂交替划水来推进,同时腿部保持浮起状态。仰泳的挑战在于如何通过身体的旋转与水流的相互作用来提高速度。运动员需要精确控制身体的旋转角度,以减少水阻力并提高推进效率。仰泳的技术复杂性在于运动员必须在看不到前方的情况下保持方向的稳定性和速度的持续性。

蝶泳的姿态需要运动员的身体呈现波动形态,双臂同时划水,腿部进行同步的鞭状打水。这种姿态强调整体的协调性,以增强推进力。蝶泳的技术要求运动员具备强大的身体协调能力和耐力,以维持高效的推进。蝶泳的动作需要在短时间内释放出大量的能量,因此,运动员在训练中需要特别关注身体姿态的精确性和动作的同步性。

(二)多泳姿姿态优化的共性技术与个性策略

通过流体力学原理,研究者们制定了统一的姿态调整标准,这些标准帮助运动员在不同泳姿下保持最佳流线型效果。流线型是指运动员在水中前进时,身体尽可能减少水的阻力,从而提高游泳速度。为了实现这一目标,运动员需要在不同泳姿下调整身体的角度、手臂的入水位置以及腿部的摆动频率等,以确保在每一次划水过程中都能达到最佳的推进效果。通过科学的姿态调整,运动员不仅能够提高速度,还能在长时间的训练和比赛中减少体力的消耗。

个性化姿态优化策略是根据运动员的具体情况量身定制的训练计划。这些策略考虑了运动员的体型、技术水平和泳姿特点,以提高各自的游泳效率。每位运动员的体型和技术水平不同,因此需要个性化的训练计划来最大限度地发挥其潜力。例如,身材较高的运动员可能需要调整手臂的入水角度以减少阻力,而技术水平较高的运动员可能需要专注于细节的优化,如手指的姿态和脚踝的灵活性。通过量身定制的训练计划,运动员可以在保持身体最佳流线型的同时,最大化地利用自身的身体优势。

利用数据分析技术,实时监测运动员在不同泳姿中的表现,为运动员提供及时的反馈,帮助他们调整身体姿态,优化游泳速度。现代科技的发展使得数据采集设备更加精确,能够记录下运动员的每一个细微动作。通过对这些数据的分析,教练可以识别出运动员在游泳过程中存在的姿态问题,并在训练中及时进行调整。实时反馈不仅能够提高训练效率,还能帮助运动员在比赛中迅速适应不同的泳姿要求,确保在任何情况下都能发挥出最佳水平。

跨泳姿训练方法的结合是提升运动员整体游泳能力的重要策略。设计综合性训练课程,帮助运动员在不同泳姿间灵活切换,能够有效提高他们的综合能力。在训练中,运动员需要掌握多种泳姿的技术要点,并能够在比赛中根据需要灵活运用。通过跨泳姿训练,运动员不仅能够提高每种泳姿的技术水平,还能增强对身体的控制能力和协调性。这种综合训练方法能够帮助运动员在比赛中更加自信地应对各种挑战。

第二节 划水动作的运动学特征

一、划水动作的力学原理与分解

(一)划水动作的力学模型与分解方法

通过构建力学模型,可以深入分析水流与手臂运动的相互作用。这种模型不仅帮助理解划水过程中水流的分布特征,还能揭示水流在不同阶段对运动员推进的影响。为了实现这些分析,研究人员通常采用先进的流体力学理论,结合高精度的测量设备,获取详尽的水流数据。这些数据为进一步的运动学分析提供了基础,为教练和运动员提供了科学的训练指导。

划水动作的分解方法是提升游泳技术的关键。通过对划水动作的不同阶段进行细致分析,可以识别出每个阶段的关键动作要素及其对推进力的具体贡献。这种分解方法不仅有助于了解每个动作的功能,还能帮助运动员有针对性地改进技术。具体而言,教练可以利用视频分析技术,逐帧检查运动员的动作,找出需要改进的细节。这种精细化的分析为运动员提供了明确的训练方向,有助于提高整体划水效率。

计算机模拟技术在划水动作分析中扮演着重要角色。通过建立划水动作的动态模型,研究人员可以模拟不同划水角度对水阻力和推进效果的影响。这种模拟不仅提供了直观的视觉反馈,还为运动员提供了优化动作的科学依据。在模拟过程中,研究人员可以调整不同的参数,如手臂的入水角度、划水速度等,观察其对整体表现的影响。这种方法为运动员提供了安全、可控的环境进行技术改进。

划水动作中的力学参数分析是评估划水效率的基础。力量、速度和角度等因素对划水效率有直接影响。通过定量评估这些参数,研究人员可以为运动员提供详细的反馈,帮助其优化训练方案。具体而言,力量的大小决定了运动员在水中的推进力,而速度和角度则影响水流的流动特征。通过结合这些因素的分析,教练可以制订更加有效的训练计划,提高运动员的整体表现。

(二)划水过程中力的动态变化分析

划水过程中,力的动态变化是影响游泳效率的关键因素。运动员在划水时,通过手臂的不同阶段施力,实现力量输出与水流反应的协调。手臂在入水、抱水、拉水、推出水等阶段,施力的方向和强度各异。入水阶段,手臂需要快速进入水中,减少水的阻力。抱水阶段,手臂形成一个稳定的抓水姿势,增加水的压力,以便在拉水阶段最大化力量输出。推出水阶段则需要迅速将手臂从水中抽出,减少水流的反作用力。这些阶段的力量输出必须与水流反应相匹配,以确保推进力的最大化和游泳速度的提升。

划水动作中,水阻力的变化是另一个重要的研究领域。水阻力不仅影响运动员的推进力,还对其能量消耗有直接影响。划水角度和速度是决定水阻力大小的关键因素。较小的划水角度有助于减少正面阻力,而较高的划水速度则可能增加摩擦阻力。因此,游泳运动员需在不同速度下调整划水角度,以实现最佳的力学效率。推进力的反馈机制则要求运动员根据实时的水流变化,动态调整划水动作,以保持稳定的推进力和最小的能量消耗。

在划水过程中,身体重心的转移对划水效率和姿态稳定性有显著影响。游泳时,运动员需通过身体的旋转和重心的转移,来辅助手臂的划水动作。重心的前后移动不仅影响划水的推力,还对身体的平衡和流线型姿态有决定性作用。研究表明,良好的重心转移能有效提升划水效率,使运动员在保持稳定姿态的同时,最大化推进力输出。

划水时,不同部位肌肉的协同作用是实现高效划水的基础。肩部、背部和核心肌群在划水中扮演重要角色。肩部肌肉提供主要的推动力,背部肌肉则帮助稳定身体姿态,而核心肌群负责维持身体的整体平衡。肌肉群在划水动作中的动态负荷分析显示,各肌群的协调与发力顺序直接影响到整体推进力的大小。因此,针对不同肌群的专项训练是提高游泳效率的有效途径。

(三)划水动作的力学优化路径

在游泳运动中,划水动作的力学优化是提高运动员水中表现的关键。通过对划水动作的力学参数进行优化,运动员可以通过调整手臂的划水角度与速度,最大化水流的推进效果,同时减少水阻力。这一过程不仅涉及对运动员技术动作的精细调整,还需要结合科学的训练方法,以实现水中效率的提升。通过调整手臂的入水角度,运动员能够更好地控制水流方向,增加推进力。此外,适当的划水速度能够减少水流的紊乱,减少阻力,从而提高整体游速。

实施动态力量训练是优化划水动作的另一重要路径。通过增强手臂和核心肌群的协同作用,运动员可以在划水时提高力量输出和动作效率。动态力量训练不仅仅是对肌肉力量的提升,更是对肌肉协调性的提高,以确保运动员在高强度的划水过程中能够保持稳定的动作姿态和高效的力量传递。核心肌群的强化训练,尤其是涉及腰腹部的肌肉群,对于维持身体的稳定性和提高划水效率具有重要作用。

水中视频分析技术的应用,为运动员提供了实时监测划水动作的手段。这种技术能够帮助运动员识别并纠正不合理的划水姿势,从而避免无效的动作和不必要的能量消耗。通过视频分析,教练和运动员可以对划水动作进行逐帧分析,发现动作中的细微问题,并进行针对性的调整。这种实时的反馈机制,不仅提高了训练的针对性,也加速了运动员技术水平的提升。

二、划水路径与效率的量化分析

(一)划水路径的测量与优化方法

通过高频率传感器的应用,研究者能够实时监测运动员在水中的划水轨迹。这些传感器能够精确捕捉路径的每一个细微变化,确保数据的准确性。这种高精度的数据采集不仅有助于分析运动员的当前表现,还为路径优化提供了基础。实时监测技术的进步,使得运动员能够在训练中及时调整动作,以提高划水效率和速度。

在划水路径的分析中,三维建模技术的引入极大地提升了研究的深度。通过计算机图形学技术,研究人员能够构建运动员划水动作的三维模型。这些模型为分析划水路径的优化潜力提供了新的视角。三维建模不仅能够帮助教练和运动员直观地观察划水动作的细节,还能揭示传统二维分析中难以发现的路径优化机会。这种直观的分析工具,正在成为教练员和运动员进行技术改进的重要手段。

应用流体动力学原理评估划水路径与水流的关系,是优化划水动作的关键步骤之一。在划水过程中,水流的分布对运动员的推进力有直接影响。通过分析水流干扰,研究人员可以确定最佳的划水角度和路线。这种分析不仅帮助运动员减少水中阻力,还能提升整体的游泳效率。流体动力学的应用,为划水路径的优化提供了科学依据,帮助运动员在竞争中取得更佳成绩。

划水路径的优化算法借助数据分析和机器学习技术,正在为游泳运动带来革命性的变化。通过这些先进的算法,系统能够自动识别并推荐最优的划水路径。这种智能化的路径优化,不仅提升了运动员的划水效率,还增强了推进力。机器学习的应用,使得算法能够不断学习和改进,为不同水平的运动员提供个性化的路径优化方案。这一技术的成熟,将为游泳运动带来新的突破。

(二)划水效率的量化评估指标

一是推进力与水阻力的比值。高效的划水动作应当在最大化推进力的同时,尽可能地减少水阻力。通过精确测量这一比值,教练和运动员可以识别出技术上的不足之处,并有针对性地进行改进,从而提升整体的游泳效率。

二是划水动作的频率与推进距离之间的关系。频率过高可能导致运动员体力的快速消耗,而频率过低则可能导致推进力不足。因此,找到一个理想的划水频率,使推进距离达到最大化,是提高游泳效率的关键。通过分析运动员的划水频率与推进距离的关系,可以为他们制订个性化的训练计划,以优化划水节奏,提高整体表现。

三是划水角度对水流切入的影响程度。不同的划水角度会显著影响水流的切入效果,从而影响划水效率。通过量化分析不同角度对划水效率的贡献,运动员可以调整自己的划水角度,以达到最佳的水流切入效果。这种角度的优化不仅可以提升推进力,还能有效降低水阻力,从而提高整体游泳效率。

四是划水过程中的力量输出与时间的关系。力量输出的持续性是保持稳定推进力的关键因素。通过分析力量输出与时间的关系,可以帮助运动员理解如何在整个划水过程中保持稳定且有效的力量施加。这种分析不仅有助于提高力量的利用效率,还可以帮助运动员在比赛中更好地分配体能,达到最佳的竞技状态。

(三)路径优化对效率提升的作用机制

在游泳运动中,划水路径的优化对于提高运动员的效率具有重要作用。划水路径的优化可以有效减少水流对身体的干扰,这种干扰通常表现为水阻力的增加,从而影响运动员的前进速度。通过优化划水路径,运动员能够在水中形成更为顺畅的流线型姿态,减少水流对身体的正面冲击。这种优化不仅能够降低水阻力,还可以减少运动员在水中前进时的能量消耗,使得游泳过程更加高效。优化路径的过程涉及对运动员动作的精细调整,以确保在水中能够保持最佳的动力学姿态。

调整划水路径能够帮助运动员更好地利用水流的动力,进而增加推进力。通过对划水路径的精确调整,运动员可以在每一次划水动作中最大化水流对身体的推动作用。这种优化不仅有助于提高运动员的整体速度,还能够改善划水动作的经济性,使得运动员在长时间的训练和比赛中能够保持较高的效率。通过科学的路径调整,运动员可以在不增加体力消耗的情况下,获得更高的速度和更好的比赛成绩。

优化划水路径还能够实现动作序列的流畅性,减少能量消耗,提高划水的持续性和效率。流畅的动作序列意味着运动员在水中能够以更协调的方式进行划水,减少不必要的动作和能量消耗。通过对划水路径的优化,运动员可以在每一次划水中实现更高的能量转化效率,使得每一单位的体力消耗都能够转化为更大的推进力。这种流畅性和高效性对于长距离游泳项目尤其重要,因为它能够帮助运动员在比赛的后半程保持体力和速度。

在不同水域条件下,划水路径的精确控制显得尤为重要。水流的变化可能对运动员的表现产生显著影响,而通过对划水路径的精确控制,运动员可以更好地适应这些变化。无论是水流的方向、速度还是水温,运动员都需要通过调整划水路径来保持最佳表现。这种能力不仅需要运动员具备良好的技术基础,还需要他们能够灵活应对外部环境的变化,以确保在各种条件下都能发挥出最佳水平。

三、手臂与腿部动作的协调性研究

(一)手臂与腿部动作的协同机制

游泳运动员需要在水中协调手臂的划水与腿部的打水动作,以实现高效的推进力。这种协同机制不仅涉及动作的同步性,还包括动作的力学配合与时序关系。通过对手臂与腿部动作的协同机制进行深入研究,可以揭示如何通过协调动作来提高游泳效率。同步性在推进力生成中尤为重要,手臂划水与腿部打水的协调能够有效减少水中的阻力,从而提升运动员的游泳速度。

手臂与腿部动作的协调性直接影响游泳效率,特别是在推进力的生成过程中,强调同步性是至关重要的。手臂划水与腿部打水的时序关系决定了整体动作的流畅性和力量的传递效率。通过对这些动作的时序关系进行分析,可以确定最佳动作节奏,从而提高整体游泳速度。同步的动作不仅能提高推进力,还能减少能量的浪费,使运动员在长时间的比赛中保持较高的体能水平。

分析手臂划水与腿部打水的时序关系,对于探讨最佳动作节奏具有重要意义。手臂与腿部动作的协调不仅涉及动作的同步性,还包括动作的力学配合。不同的协调模式会对水流切入角度产生影响,从而影响游泳的效率。通过对手臂和腿部动作的力学配合进行研究,可以评估不同协调模式对水流切入角度的影响,这为游泳运动员优化动作提供了科学依据。

研究手臂与腿部动作的相互作用对身体重心的稳定性具有重要影响。身体重心的稳定性直接关系到游泳姿态的优化。手臂与腿部动作的协调不仅影响推进力的生成,还影响身体在水中的平衡状态。通过探讨手臂与腿部动作的相互作用,可以优化游泳姿态,提高游泳效率。这种研究为游泳运动员提供了优化技术动作的理论支持,有助于在比赛中取得更好的成绩。

(二)协调性对划水效果的影响分析

合理的时序安排可以使运动员在水中获得更大的推进力,从而提高整体速度。手臂和腿部的动作需要在特定的时间点达到最佳同步,以确保每一次划水都能最大限度地推动身体向前。这种同步性不仅影响速度,也对游泳的稳定性起到重要作用。

此外,协调的手臂与腿部动作能够优化身体重心的稳定性,减少能量浪费。

游泳时,能量的有效利用是提高效率的核心,协调的动作可以减少不必要的身体晃动和水阻。通过精确的动作配合,运动员可以在保持速度的同时,降低体力消耗。这种能量的节省在长距离游泳中尤为重要,因为它可以显著延长运动员的耐力和持续表现。

手臂划水与腿部打水的协调性还影响水流切入角度,进而增强水流的推进效果。合理的协调模式能够使水流更加顺畅地流过身体,减少阻力。水流切入角度的优化可以通过调整手臂和腿部的动作节奏来实现,这需要运动员在训练中不断调整和优化自己的动作模式,以找到最适合自身的划水节奏。

研究手臂与腿部动作的配合,可以揭示不同协调模式对划水动作流畅性的影响,从而优化训练方法。不同的协调模式可能适合不同的游泳风格和距离,通过研究这些模式,教练和运动员可以制订更有针对性的训练计划。这种研究不仅有助于提高运动员的表现,也为游泳技术的发展提供了新的视角和方法。

(三)协调性训练的技术与方法

在游泳运动中,手臂与腿部动作的协调性是决定运动员表现的重要因素。为了提高这种协调性,现代技术的应用显得尤为重要。通过利用水中传感器技术,可以实时监测运动员在水中的手臂与腿部动作的同步性。这些传感器能够提供精确的运动数据,使教练和运动员能够在训练过程中及时调整动作节奏。这种实时监测不仅帮助运动员在训练中保持最佳的动作状态,还能在比赛中提高效率和速度。水中传感器技术的应用,使得运动员能够在微观层面上了解自己的动作细节,从而进行更为精确的调整。

专项协调性训练是提高手臂与腿部动作协调性的另一种有效方法。通过设计交替练习,运动员可以在不同的训练环境中模拟比赛中的动作。这种训练方法不仅增强了运动员的身体协调能力,还提升了动作的流畅性。通过反复的专项训练,运动员能够更好地掌握动作的节奏和力度,从而在比赛中表现得更加出色。专项训练的设计需要根据每位运动员的具体情况进行调整,以确保训练的有效性和针对性。

视频分析技术的结合,为运动员提供了自我观察和改进的机会。通过观看自身的训练视频,运动员可以识别出手臂与腿部动作中的协调不足之处。视频分析不仅仅是一个观察工具,更是一个反馈机制,使运动员能够进行针对性的改进。这种自我观察和反馈的过程,有助于运动员在训练中不断完善自己的动作,提高整体协调性。视频分析技术的应用,已经成为现代游泳训练中不可或缺的一部分。

生物力学分析工具的使用,使得手臂与腿部动作的力学配合得到了更为科学的评估。通过这些工具,教练能够制订出个性化的训练方案,以优化运动员的整体游泳表现。生物力学分析不仅提供了动作的力学数据,还揭示了动作中潜在的力学问题。通过对这些问题的分析,教练可以帮助运动员进行针对性的训练调整,从而提高其动作的效率和效果。

四、划水频率与幅度的运动学关系

(一)频率与幅度的相互作用机制

频率是指在单位时间内完成划水循环的次数,而幅度则是每次划水的距离。两者的相互作用直接决定了运动员在水中的推进力和平衡性。当划水频率增加时,运动员必须适度调整划水幅度,以确保推进力的平衡和动作的流畅性。这种调整需要运动员对自身的身体协调性和水中感觉有深刻的理解和掌控。频率过高或幅度过大可能导致能量消耗过多,进而影响整体表现。因此,研究频率与幅度的相互作用机制对于提高运动员的竞技水平具有重要意义。

划水频率与幅度的相互关系对游泳速度有着直接的影响。在频率增加的情况下,幅度的适度调整是保持推进力平衡的关键。过高的频率可能导致划水动作不够充分,从而降低推进效率;而过大的幅度则可能导致动作过于缓慢,增加水阻力。因此,运动员需要在训练中不断尝试不同的频率和幅度组合,以找到最适合自己的平衡点。通过科学的训练和数据分析,运动员可以优化自己的划水动作,提高游泳速度,增强比赛中的竞争力。

在划水动作中,频率与幅度的优化组合能够显著提升水流切入角度,进而改善游泳效率。水流切入角度是指手臂进入水中的角度,它直接影响到水的阻力和推进力的大小。通过调整划水频率与幅度,运动员可以改变手臂的入水角度,使其更加符合流体力学的原理,从而减少阻力,增加推进力。这种优化不仅需要运动员在训练中不断实践,还需要教练通过视频分析和数据监测提供指导,以帮助运动员实现最佳的水中表现。

不同泳姿下划水频率与幅度的最佳配比存在显著差异,因此需要根据具体泳姿进行个性化调整。例如,自由泳和蝶泳的划水频率与幅度的配比要求明显不同,自由泳更注重频率的稳定性,而蝶泳则强调幅度的发挥。运动员需要根据自身的身体条件和技术特点,结合科学的训练方法,找到适合自己的划水频率与幅度组合。这种个性化的调整不仅有助于提高运动员的竞技水平,还能减少运动损伤的风险。

(二)频率与幅度的优化平衡策略

在游泳运动员的训练中,划水频率与幅度的优化平衡策略是提高运动表现的关键。通过建立个性化的划水频率与幅度调整模型,可以根据运动员的体型和泳姿特点制订适合的训练方案。这种个性化的策略不仅考虑了运动员的生理特征,还结合了其技术风格,从而确保每位运动员都能在水中发挥出最佳的表现。通过对个体差异的深刻理解,教练和运动员可以更有效地制订训练计划,提升整体竞技水平。

实时数据采集技术在现代游泳训练中扮演着重要角色。通过监测运动员在训练中的划水频率和幅度,可以提供即时反馈,帮助运动员及时调整动作以优化划水效果。这种技术的应用使得训练过程更加精确和高效,运动员能够在短时间内获得关于自身表现的详细数据,从而进行针对性的调整和改进。这种实时反馈机制不仅提高了训练效率,还提升了运动员的自我监控和自我调整能力。

实施交替练习是帮助运动员找到最佳水中表现平衡的有效方法。通过变换划水频率与幅度的组合,运动员可以体验到不同的水动力条件,从而更好地理解和掌握如何在水中保持高效的运动状态。这种训练方法不仅提高了运动员的适应能力,还增强了他们在比赛中应对不同条件的灵活性和反应速度。交替练习的多样性为运动员提供了更广泛的技术储备,促进了全方位的技能发展。

生物力学分析在评估不同频率与幅度组合对划水效率的影响方面具有重要作用。通过精确的生物力学测量,教练可以评估不同训练方案的科学性与有效性,确保运动员的训练方向正确。生物力学分析不仅提供了理论支持,还为实践中的训练提供了明确的指导,使得运动员的每一次划水都更加符合生理和力学原理。这种科学的分析方法为运动员的技术进步奠定了坚实基础。

第三节 转身与出发动作的技术解析

一、转身动作的力学分析与技术要点

(一)转身动作的力学模型与分解

通过构建转身动作的力学模型,可以系统地分析运动员在转身过程中重心的变化对转身效率的影响。重心的移动直接关系到转身的流畅性和速度,合理的重心转移能够减少能量的浪费,提高转身的效率。力学模型的构建需要综合考虑运动员的体型、肌肉力量分布以及惯性矩等因素,以便准确地模拟转身过程中的动态变化。

在转身动作的分解过程中,识别关键阶段及其对推进力和转身速度的贡献是至关重要的。转身动作通常可以分为几个阶段,包括入水、翻转、蹬壁和出水等。每个阶段的技术细节都会对整体转身效果产生影响。通过详细的分解分析,可以识别出哪些阶段对推进力和速度的贡献最大,从而指导运动员在训练中重点改进这些阶段的技术动作,以提高整体转身效率。

水流对身体的干扰是转身时需要克服的主要挑战之一。水流的阻力会影响运动员的姿态和速度,因此,探讨如何通过姿态调整来减少水阻力是优化转身动作的关键。通过调整身体的角度和姿态,可以有效减少水流对身体的正面冲击,降低阻力,从而提高转身的速度和效率。这需要运动员在训练中不断尝试和调整,以找到最优的姿态组合。

在转身动作中,力学参数的评估是衡量转身效果的重要手段。力量、速度和角度等参数直接影响到转身的质量和效率。通过对这些参数的精确测量和分析,可以为运动员提供具体的改进建议。力量的分布、速度的控制以及角度的调整都是提升转身效果的关键因素。运动员可以通过有针对性的力量训练和技术练习来优化这些参数,以达到最佳的转身效果。

(二)转身动作的关键技术要点

在游泳比赛中,转身动作的技术要点对于运动员的整体表现至关重要。转身动作的起始阶段,身体重心的合理位置是关键所在。这一阶段的目标是确保运动员能够在转身时迅速完成旋转,同时保持身体的稳定性。合理的重心位置不仅影响转身的速度,还直接关系到转身的稳定性和流畅性。运动员需要通过科学的训练方法,掌握身体重心的调整技巧,以便在比赛中实现快速而稳定的转身动作,从而在竞争中占据优势。

在转身过程中,核心肌群的力量起到了决定性的作用。核心肌群不仅是身体旋转能力的源泉,更是提高转身效率和速度的关键因素。运动员需要通过系统的力量训练,增强核心肌群的力量和耐力,从而在转身时能够迅速完成身体的旋转动作。有效的核心力量训练能够帮助运动员在转身过程中保持身体的稳定性,并提高转身的整体效率。此外,核心肌群的强化还能够减少转身时的能量消耗,使运动员在比赛中保持更长时间的高效表现。

手臂的摆动在转身动作中同样扮演着重要的角色。手臂的摆动需要与身体的旋转动作相协调，以优化动力传递并减少水中的阻力。通过科学的技术训练，运动员可以掌握手臂摆动的最佳时机和角度，从而在转身时实现动力的最大化利用。手臂的协调摆动不仅能够提高转身的速度，还能帮助运动员在转身后迅速恢复到最佳游泳姿势，为接下来的游泳动作奠定良好的基础。

转身后的出水姿态对于提高出水后的推进力至关重要。流线型的出水姿态能够有效减少水阻力，使身体尽快恢复到最佳游泳姿势。运动员需要通过反复的技术练习，掌握出水时身体的姿态控制技巧，以便在转身后迅速进入高效的游泳状态。出水姿态的优化不仅能够提高游泳速度，还能在比赛中为运动员节省宝贵的时间和体力。

二、出发动作的反应时间与力量输出

（一）出发动作的反应时间测量与分析

出发动作的反应时间不仅仅是运动员在听到发令枪声后离开起跳台的速度体现，更是整个比赛中起始阶段表现的关键因素。反应时间的定义通常指从听到信号到身体开始运动的时间间隔。较短的反应时间可以帮助运动员在比赛中占据先机，尤其是在短距离比赛中，反应时间的差异可能直接决定胜负。因此，深入分析和优化反应时间是提升游泳成绩的重要手段。

出发动作的反应时间测量需要精确且科学的方法。目前，电子计时器和视频分析技术是最常用的两种方法。电子计时器能够提供毫秒级的精确数据，而视频分析技术则可以通过逐帧分析，帮助教练和运动员更直观地了解动作细节。这些技术手段的结合使用，确保了数据的准确性与可靠性，为训练和改进提供了坚实的基础。

影响出发动作反应时间的因素多种多样，其中包括运动员的心理状态、身体准备程度以及比赛环境条件。心理状态如紧张或焦虑可能会延迟反应时间，而良好的身体准备则能显著提升反应速度。环境条件如起跳台的稳定性、发令信号的清晰度等，也会对反应时间产生影响。因此，优化这些因素，通过心理训练、身体素质提升以及环境适应训练，可以有效地提高运动员的出发反应速度。

反应时间与力量输出之间存在着密切的关系。力量训练不仅能提高运动员的爆发力,还能在一定程度上缩短反应时间。通过力量训练,运动员可以增强肌肉的快速收缩能力,从而在起跳时获得更大的初速度。这种力量与速度的结合,是出发动作中至关重要的环节,直接影响到运动员在比赛中的表现。

(二)力量输出的量化评估与优化

在游泳运动员的出发动作中,力量输出的量化评估与优化是提升运动员表现的关键。力量输出的动态测量技术是实现这一目标的重要工具,它通过在运动员出发动作中使用先进的传感器,实时监测力量变化。这种技术不仅确保了数据的准确性,还提供了及时的反馈,使教练和运动员能够迅速调整训练策略。传感器收集的数据可以揭示力量施加的具体模式和变化趋势,从而帮助教练制订更加科学的训练计划,提高运动员的力量输出效率。

力量输出与出发动作的时序分析是另一个重要研究领域。通过探讨力量施加的持续时间及其对反应速度的影响,可以更好地理解出发动作的复杂性。在不同阶段施加力量的持续时间直接影响运动员的反应速度和出发效率。通过详细的时序分析,可以识别出发动作中的关键时刻,优化力量施加的时机,以提高整体表现。这种分析为运动员提供了精确的技术指导,使其能够在比赛中获得更快的反应时间和更好的成绩。

个性化力量训练计划的制订是力量输出优化的核心。根据运动员的身体素质和技术特点量身定制的训练计划可以显著提升力量输出的效率。通过对运动员个体差异的深入分析,教练可以调整训练内容与强度,使其更符合运动员的需求。这种个性化的训练方法不仅提高了训练效果,还降低了运动损伤的风险,帮助运动员在保持高水平表现的同时延长运动寿命。

力量输出与生物力学参数的关联研究为技术改进提供了科学依据。分析力量施加角度、速度与出发效果之间的关系,可以揭示技术动作中的潜在问题。通过这种研究,教练和运动员可以识别出不利于出发效果的动作模式,并进行针对性的调整。这种研究不仅促进了技术动作的优化,还为运动员提供了科学的训练依据,帮助他们在比赛中实现更佳的表现。

(三)反应时间与力量输出的协同优化

在游泳比赛中,出发动作的效率对于比赛结果有着至关重要的影响。反应时间与力量输出的协同优化是提升出发动作效率的关键。运动员需要通过心理训练来优化出发动作的心理准备。心理训练不仅能提高运动员在比赛前的专注力,还能增强他们的自信心,这对于缩短反应时间至关重要。通过系统的心理训练,运动员可以在比赛中保持冷静,快速做出反应,从而在出发的一瞬间占据优势。

专项力量训练是提高力量输出的另一重要途径。通过针对性的下肢肌肉爆发力训练,运动员可以显著提升起始阶段的力量输出。下肢力量的增强确保了运动员在出发时能够迅速启动,获得更高的初速度。这种训练需要结合科学的训练计划,逐步增加训练强度,同时注意力量训练与反应时间训练的结合,以提高整体协调性。

视频分析技术在现代运动训练中的应用越来越广泛。利用视频分析技术,教练员可以实时监测运动员的出发动作,提供即时反馈。这种反馈机制帮助运动员识别出发时反应时间与力量施加的最佳时机,进而进行有针对性的改进。通过视频分析,运动员能够直观地看到自己的动作表现,从而进行自我调整和优化。

综合性的训练方案设计是实现反应时间与力量输出协同优化的有效策略。通过将反应时间与力量输出的训练结合,运动员在起始阶段的协调性与效率可以得到显著提升。这种训练方案不仅关注单一能力的提升,更强调多种能力的协同发展,确保运动员在比赛时能够发挥出最佳水平。

三、转身与出发动作的训练方法与技术改进

(一)转身与出发动作的训练动作设计

转身与出发动作的训练动作设计是提升游泳运动员比赛表现的重要环节。为有效提高转身效率,设计针对转身动作的专项训练,强调身体重心的快速转移与稳定性。这种训练方式不仅能帮助运动员在转身时减少水阻,还能提高他们在比赛中的整体速度和表现。通过精确的动作设计,运动员可以在短时间内完成高质量的转身,从而在比赛中占据优势。

实施核心肌群力量训练对于增强运动员在转身过程中的旋转能力至关重要。在转身时,核心肌群的力量决定了运动员能否快速而稳定地完成动作。这种训练不仅提高了运动员的整体力量,还能有效减少因旋转不当带来的能量损失。通过有针对性的力量训练,运动员可以在转身过程中保持身体的稳定性,从而提升整体表现。

水中视频反馈技术是现代游泳训练中不可或缺的部分。通过实时观察转身

动作,运动员能够识别自身技术不足并进行针对性改进。这种技术为教练和运动员提供了直观的数据支持,使得训练过程更加科学高效。视频反馈技术的应用,不仅提高了运动员的自我认知能力,还为技术改进提供了依据。

开展模拟出发动作的训练,通过反复练习提高运动员的反应速度和力量输出是提升起跳表现的重要手段。模拟训练能够帮助运动员在比赛中快速启动,并在最短的时间内达到最大速度。这种训练方式强调了速度与力量的结合,使得运动员在比赛开始阶段就能占据主动。

(二)动作改进的技术反馈与调整

在游泳运动员的训练中,动作改进的技术反馈与调整是提高运动表现的关键环节。利用水中传感器技术可以实时监测运动员的转身与出发动作,这种技术的应用确保了训练过程中的动作数据的准确性和及时性。通过传感器收集的数据,教练和运动员能够深入了解每个动作的细节,从而识别出潜在的技术问题。这种实时数据的提供,不仅帮助运动员在训练中即时调整动作,还为后续的技术分析奠定了坚实的基础。

结合视频分析技术,运动员可以观看自己的转身与出发动作,通过可视化反馈识别技术不足之处。这种方法不仅让运动员能够直观地看到自己的动作,还可以通过慢动作回放和图像对比,明确动作改进的方向。视频分析技术的应用,使得运动员能够在训练后反思自己的表现,并在教练的指导下进行针对性改进,提升技术水平。

定期进行转身与出发动作的性能评估是技术改进的重要步骤。通过结合动态监测数据,教练可以及时调整训练计划,以优化技术细节。性能评估不仅关注动作的速度和效率,还包括动作的稳定性和一致性。根据评估结果,教练可以制订更具针对性的训练方案,帮助运动员克服技术瓶颈,提高整体表现。

第三章 游泳运动员水中动力学参数分析

第一节 水阻力与推进力的测量方法

一、水阻力的测量原理与实验设计

(一)水阻力测量的理论基础与模型

水阻力测量的理论基础主要依赖于流体力学中的相关模型,这些模型帮助我们理解水流与运动员身体之间的相互作用。在游泳中,水阻力对运动员速度和能量消耗有着直接的影响。通过建立准确的数学模型,可以更好地预测和分析水阻力对运动员表现的影响,从而为训练和技术改进提供科学依据。

水阻力的定义及其在游泳中的重要性不容忽视。水阻力是指运动员在水中运动时,由于水的黏性和惯性作用而产生的反作用力。它直接影响运动员的游泳速度和效率。减少水阻力是提高运动员比赛成绩的关键之一,这需要通过不断优化游泳姿势和技术来实现。

流体力学基础为水阻力的计算提供了理论支持。水阻力的计算公式通常与流体的密度、运动员的速度、身体表面积以及形状系数等因素相关。影响水阻力的因素多样且复杂,包括水流速度、运动员的体型、游泳姿势等。理解这些影响因素有助于更好地设计实验和分析数据。

水阻力测量的实验设备与设置要求是确保实验准确性的关键。通常使用的设备包括水槽、动态测力仪等,这些设备需要根据实验设计进行精确校准。实验设置要求包括控制水流速度、保证测量环境的稳定性等,以确保测量结果的可靠性和可重复性。

不同游泳姿势对水阻力的影响分析表明,游泳姿势的变化会显著影响水阻力的大小。自由泳、蛙泳、仰泳和蝶泳等不同姿势身体姿态和动作模式的差异,导致水阻力的分布和大小各不相同。通过分析不同姿势下的水阻力,可以为运动员选择最优的游泳技术提供数据支持。

(二)实验设计中的变量控制与数据采集

实验设计是水阻力测量中至关重要的环节,确保变量控制与数据采集的准确性直接影响实验结果的可靠性。实验中需要精确控制变量,如水流速度、运动员姿势和环境条件,以减少外部因素对水阻力测量的干扰。通过控制水流速度,可以模拟不同游泳环境下的水阻力变化,进而分析运动员在不同条件下的表现。利用先进的实验设备和技术,能够在实验过程中实时记录和分析这些变量的变化,确保数据的精确和可靠性。

在水阻力测量中,控制水温是一个关键因素,因为水温的变化会直接影响水的黏度,从而影响阻力测量的准确性。实验设计中应考虑到水温的恒定性,通过使用恒温设备来维持实验水池的水温稳定。此外,还需定期校准温控设备,以确保温度读数的准确性。通过这些措施,可以有效减少水温变化对水阻力测量的影响,从而提高实验结果的可信度。

选择合适的运动员体型与技能水平是确保实验数据具有代表性的关键。不同体型和技能水平的运动员在水中产生的阻力差异显著,因此在实验中应选择具有代表性的运动员群体。这样可以更全面地反映出水阻力在不同运动员之间的变化规律。通过对不同体型和技能水平的运动员进行测试,能够获得更具普遍性的数据,为后续的技术分析提供可靠的支持。

游泳姿势的变化对水阻力有显著影响,因此在实验设计中,系统性记录与分析游泳姿势变化是不可或缺的。采用视频分析技术对运动员的姿势进行全程记录,并结合传感器数据,能够深入分析不同姿势下的水阻力变化。通过对比分析不同姿势的水阻力数据,可以为运动员提供针对性的技术指导,帮助其改善游泳姿势以降低水阻力,提高游泳效率。

使用高精度传感器进行水阻力数据的实时采集与反馈是实验设计中的重要环节。高精度传感器能够在游泳过程中实时捕捉水流变化和阻力数据,提供即时的反馈信息。这种实时数据采集技术不仅能提高数据的准确性,还能在实验过程中对运动员进行动态调整和指导,帮助其优化游泳技术。此外,实时数据反馈也为教练提供了及时的参考依据,以便在训练中进行针对性调整。

(三)水阻力测量的精度与可靠性分析

水阻力测量的精度与可靠性直接影响游泳运动员技术分析的科学性和有效

性。实验设备的校准状态是确保水阻力测量精度的关键因素之一。定期校准实验设备能够有效减少因设备偏差导致的测量误差,从而提高测量结果的准确性。设备校准包括对传感器的灵敏度、测量范围及线性度的检查和调整,以确保其在测量过程中能够准确反映水中阻力的变化。此外,校准过程还需考虑设备在不同温度和湿度条件下的稳定性,以适应游泳池环境的多样性。

环境因素对水阻力测量的影响不容忽视。水温、流速和水质等因素均可能导致测量结果的波动,因此在实验设计中需进行系统性控制。例如,可以通过恒温设备保持水温的稳定,使用流速控制器确保水流的均匀性,以及定期检测和调整水质以保持其一致性。这些措施能够显著提高实验结果的可靠性,减少外部环境对测量数据的干扰,使得实验结果更具参考价值。

结合多种测量方法进行数据交叉验证是增强水阻力测量可信度的重要手段。动态测量和静态测量各有其优缺点,动态测量能够实时反映运动员在运动中的阻力变化,而静态测量则可以提供更为稳定的基准数据。通过两种方法的结合,可以相互验证测量结果,发现并校正可能存在的偏差。此外,采用多种测量方法还可以提供更为全面的阻力变化信息,为后续的技术分析提供丰富的数据支持。

在数据处理过程中,采用适当的统计分析方法是减少随机误差影响的重要步骤。通过对测量数据进行统计分析,可以识别出异常值,并通过数据平滑、滤波等方法减少噪声的干扰。合理的统计方法不仅能够提高数据处理的科学性,还能为后续的技术分析提供更为准确的基础数据。统计分析结果还可以用于评估实验设计的合理性,指导后续实验的优化和改进。

二、推进力的动态测量技术与设备

(一)推进力测量的传感器技术与设备选择

力传感器、加速度传感器和压力传感器是推进力测量中常用的三种类型。力传感器可以直接测量运动员在水中施加的力,提供直观的动力学参数;加速度传感器则通过测量运动加速度间接计算出推进力,适用于动态变化的分析;压力传感器则通过测量水流对运动员身体表面的压力变化,推算出推进力的大小。依据不同的测量需求,合理搭配这些传感器,可以获得更为全面和准确的动力学数据。

传感器的安装位置与角度对推进力的测量结果有显著影响。传感器必须安装在能够真实反映运动员实际运动状态的位置,以确保数据的准确性。例如,力传感器可以安装在运动员的手掌或脚部,以直接测量推进力的变化;加速度传感器可以固定在运动员的躯干上,以监测整体运动的加速度变化。传感器的角度也需要仔细调整,以避免测量数据的偏差。通过精确的位置安装与角度调整,传感器能够更好地捕捉到运动员在水中的真实动力学表现。

传感器的耐水性与抗干扰能力直接影响其在水下环境中的稳定性。水下环境复杂多变,传感器需要具备良好的耐水性,以防止水的浸入导致设备损坏。同时,水下环境中可能存在电磁干扰、气泡干扰等因素,传感器必须具备抗干扰能力,确保测量数据的稳定性和准确性。通过选择耐水性强和抗干扰能力优异的传感器,能够有效减少外界因素对测量结果的影响,提升数据的可靠性和有效性。

(二)动态测量中的实时数据采集与处理

随着科技的进步,实时数据采集系统的构建与优化成为可能。这些系统能够在游泳过程中准确捕捉推进力变化的动态特征,为教练和运动员提供翔实的数据支持。在构建实时数据采集系统时,首先需要考虑传感器的选择与布置,以确保数据的精确性和系统的稳定性。传感器通常安装在运动员的身体或游泳设备上,实时监测水中的动力学参数。为了提高数据采集的效率,系统需要具备较高的采样率和数据存储能力,以捕捉快速变化的动力学特征。

在实时数据采集中,数据传输的稳定性与速度是关键因素。采用高带宽无线传输技术可以有效减少信号延迟,确保实时数据的完整性。这种技术能够在不影响运动员正常训练的情况下,将采集到的数据迅速传输到分析终端。无线传输技术的应用,不仅提高了数据传输的便捷性,也减少了传统有线传输带来的物理阻碍。为了确保数据的稳定传输,系统应具备抗干扰能力,能够在复杂的水环境中保持信号的稳定性。

实时数据的准确性在很大程度上依赖于动态数据处理算法的设计。通过利用滤波与信号处理技术,可以有效提高数据的信噪比,从而提高测量结果的准确性。滤波技术能够去除测量过程中不可避免的噪声干扰,保持数据的纯净性。同时,信号处理技术可以从复杂的数据中提取出有价值的信息,为教练和运动员提供更为精确的动力学参数分析。这些算法的设计需要考虑到游泳运动的特殊性,如运动的周期性和水环境的变动性,以确保数据处理的有效性。

三、水阻力与推进力的相互作用机制

（一）水阻力与推进力的力学关系分析

水阻力是运动员在水中前进时所遇到的反作用力，而推进力则是运动员通过肢体动作产生的向前推动力。两者之间的力学关系是游泳技术分析的核心，因其直接影响运动员的速度和效率。水阻力的大小主要取决于运动员的体型、泳姿以及水的黏性，而推进力则与运动员的力量输出和动作效率密切相关。通过精确测量这两种力，可以为运动员提供优化游泳技术的科学依据。

水阻力与推进力之间的平衡关系对游泳效率有着显著的影响。理想情况下，运动员在水中应尽量减少水阻力，同时最大化推进力的输出，以达到最佳的游泳效率。水阻力与推进力的平衡关系不仅影响运动员的速度，还决定了能量的消耗效率。研究表明，当运动员能够有效地在这两种力之间找到平衡点时，其游泳表现将显著提升。因此，了解水阻力与推进力之间的互动关系，对于提高游泳效率至关重要。

不同游泳姿势对水阻力和推进力的相互作用机制有着不同的影响。自由泳、蛙泳、仰泳和蝶泳等不同泳姿肢体动作和身体姿态的差异，会导致水阻力和推进力的分布和大小各异。例如，自由泳由于其流线型姿势，通常具有较低的水阻力和较高的推进效率。而蛙泳则由于其周期性的动作，水阻力和推进力的变化更为复杂。这些差异要求运动员在训练中针对不同泳姿进行专门的技术调整。

水阻力的变化对推进力的产生与维持有着直接的影响。在游泳过程中，水阻力的增大通常会导致推进力的增加，以维持运动员的速度。这种动态平衡关系要求运动员在训练中不断调整动作，以适应水阻力的变化。特别是在高速游泳时，水阻力的影响更为显著，运动员需要通过优化动作姿态和提高力量输出，来确保推进力的有效施加。

推进力的施加方式同样会影响水阻力的大小与分布。运动员在水中施加推进力时，肢体的动作路径、速度和力度都会影响到水流的变化，从而改变水阻力的特性。通过合理的技术训练，运动员可以调整肢体动作的角度和力度，以最小化水阻力带来的负面影响，提高游泳效率。这种技术调整需要基于对水动力学的深入理解和长期的实践训练。

（二）基于相互作用的技术优化策略

在游泳运动中，水阻力与推进力的相互作用是决定运动员表现的关键因素。

优化游泳姿势是降低水阻力、提高推进力的有效策略之一。通过定期进行姿势分析与调整训练，运动员可以更好地识别和纠正姿势中的不足之处，提高游泳效率。姿势优化不仅仅是技术上的调整，还涉及对运动员身体姿态、手臂划水轨迹、腿部打水频率等多个方面的综合考量。通过科学的姿势优化，运动员能够在水中更为流畅地前进，从而在比赛中取得更好的成绩。

个性化的训练方案是基于运动员的生理特征和技能水平量身定制的。这种方案强调推进力与水阻力的平衡策略，能够有效提升运动员的表现。每位运动员的身体条件和技能水平不同，因此需要根据个体差异设计训练计划。通过详细的生理指标测量和技能评估，教练可以为运动员制订最适合的训练方案，从而最大限度地发挥他们的潜力。这种个性化的训练方法不仅提高了训练的有效性，还增强了运动员的自信心和比赛表现。

先进的水下运动分析技术的引入，为实时监测水阻力与推进力的变化提供了可能。这些技术包括高精度的传感器和实时数据处理系统，可以在运动员训练和比赛过程中提供即时反馈。通过这些技术，教练和运动员能够及时了解水中动力学参数的变化，并据此调整训练计划和比赛策略。这种实时监测不仅提高了训练的科学性，也为运动员在比赛中提供了重要的技术支持。

开发智能化的训练设备，通过模拟不同水流条件来测试和优化运动员的推进力与水阻力表现，是技术优化的另一重要策略。这些设备可以模拟多种水流环境，让运动员在不同条件下进行训练，从而提高其适应能力和技术水平。智能化设备的使用，不仅提升了训练的多样性，还为运动员提供了一个安全的训练环境，使其能够在不受外界干扰的情况下专注于技术的提升。

第二节　划水效率与动力输出关系

一、划水效率的定义与量化方法

(一)划水效率的理论定义与计算模型

划水效率是衡量游泳运动员在水中表现的关键指标之一，它不仅涉及运动员的体能消耗，还与运动技术的精细程度密切相关。在理论上，划水效率可以被视为一个综合性的参数，涵盖了运动员在水中所需的能量与其所获得的推进力之间的关系。通过对这一比率的分析,研究人员可以深入了解游泳运动员在不同条件下的表现,并为其制订更为精准的训练计划。

划水效率的量化方法可以通过测量划水时的速度、力量和时间等参数,运用公式计算出单位能量所产生的推进距离。在实际操作中,研究人员通常会利用高精度的测量设备来捕捉运动员在水中划水的细节。通过记录划水的速度、力量以及划水周期的时间,研究人员可以构建出一个完整的划水效率模型。这个模型不仅能够量化运动员的能量利用效率,还可以为教练员和运动员提供优化训练的理论依据。通过这些数据,运动员可以在训练过程中进行针对性的调整,以提高整体表现。

划水效率的评估需要考虑不同游泳姿势和技术对推进力的影响,以确保测量结果的准确性和有效性。不同的游泳姿势,如自由泳、蛙泳、仰泳和蝶泳,因其技术特点和推进机制的不同,对划水效率的影响也各有差异。因此,在评估划水效率时,必须综合考虑这些因素,以确保分析的全面性和准确性。通过对不同游泳姿势的研究,研究人员可以发现各姿势的优势与不足,从而为运动员提供更具针对性的技术指导。

通过实验室和水中测量相结合的方法,可以获取更为精确的划水效率数据,帮助分析不同训练方法的效果。实验室测量通常通过模拟游泳环境的设备来进行,而水中测量则是在实际游泳条件下进行的数据采集。两者结合可以提供全面的划水效率数据,使研究人员能够更准确地评估不同训练方法的效果。这种综合测量方法不仅提高了数据的可靠性,还为运动员的训练和技术改进提供了科学依据。

(二)量化方法的实验设计与实施

实验设计的首要任务是确定明确的目标和假设,这将为数据收集提供清晰的方向。实验目标通常包括识别划水效率的关键影响因素和评估不同训练方法的有效性。在实验假设中,研究者可能会假定某种技术或训练方法能够显著提高划水效率,这需要在实验过程中得到验证。

选择适当的实验对象是实验设计的关键环节。实验对象的选择应考虑到技能水平、体型和生理特征的多样性,以确保实验结果的普适性。代表性的样本能够反映出更广泛的运动员群体的表现,从而使研究结论更具外推性。此外,实验对象的选择还应考虑到他们的健康状况和训练背景,以避免因个体差异过大而影响实验结果的准确性。

实验过程中,标准化的划水测试程序至关重要。标准化程序能够减少不同技术和姿势对划水效率测量的干扰,从而提高数据的可靠性。测试程序应包括详细的划水动作规范和一致的测试环境设置,以确保每次测试的条件相同。标准化的程序不仅有助于提高数据的可比性,还能为后续的实验重复提供一个稳定的基础。

二、动力输出的测量技术与数据分析

(一)动力输出的传感器测量技术

为了精确评估运动员在水中的动力表现,各类传感器技术被广泛应用。力传感器、加速度传感器和压力传感器是三种常用的测量工具。力传感器主要用于测量运动员划水时产生的推力,而加速度传感器则能捕捉运动员动作的加速度变化。压力传感器则适用于测量水流对运动员身体各部位的压力分布。不同传感器的选择需根据具体的测量需求来决定,以便获得最为准确的动力输出数据。

传感器的安装位置与角度是影响动力输出测量准确性的重要因素。在游泳运动中,运动员的身体姿态和动作变化多端,因此传感器的安装必须考虑到这些动态因素。传感器应被固定在能够真实反映运动员动力输出的关键部位,并确保在各种游泳姿态下能准确捕捉到相关数据。安装角度的精确调整也至关重要,以避免测量误差的产生,确保数据的可靠性和有效性。

为了在实际游泳过程中有效捕捉动力输出的变化特征,构建实时数据采集系统是必不可少的。该系统需具备高效的数据处理能力,能够在复杂的水下环境中稳定运行。通过实时采集动力输出数据,教练和运动员可以即时了解运动表现,进而调整训练策略。这样的系统不仅提升了数据分析的效率,还为运动员的技术改进提供了科学依据。

(二)数据采集与处理的流程与方法

数据采集与处理的流程的设计需要考虑多个环节,以确保数据的有效性和准确性。实验前准备是整个流程的起始阶段,包含对设备的检查和对运动员的状态评估。设备校准则是确保测量仪器的精准度,通过标准化的校准程序,确保设备能够准确捕捉水中运动的细微变化。数据记录则是在游泳过程中进行的,要求操作人员具备高水平的专业技能,以确保数据的完整性和一致性。后期处理则是数据采集的最后一步,通过对原始数据的整理和初步分析,为后续的深入研究奠定基础。每个环节的有效性与准确性直接关系到最终数据分析的质量。

实时数据采集系统的构建是确保数据采集与传输稳定性的关键。一个高效的实时数据采集系统能够在游泳过程中及时捕捉运动员的关键参数,如速度、加速度和划水频率等。这些数据对于分析运动员的划水效率和动力输出具有重要意义。系统的设计需要考虑到游泳环境的特殊性,确保设备在水中能够正常工作,并且数据传输不受水体的干扰。通过无线数据传输技术,实时将数据传输到分析终端,使教练和研究人员能够在第一时间获取运动员的表现数据,从而为运动员的训练和比赛策略提供科学依据。

数据处理方法的选择直接影响到测量结果的准确性。由于水中数据采集过程中可能会受到环境噪声的干扰,采用适当的滤波和信号处理技术是必要的。滤波技术能够有效去除数据中的随机噪声,提高信噪比,使得分析结果更加可靠。信号处理技术则用于提取数据中的关键特征,帮助识别运动员的动力输出模式。通过这些技术的应用,可以确保最终的测量结果能够真实反映运动员的实际表现,为后续的分析提供坚实的基础。

数据分析的统计方法是对采集数据进行深入分析的关键步骤。在分析过程中,描述性统计和推断统计的结合能够帮助识别影响运动员表现的各种因素。描述性统计用于总结数据的基本特征,如平均值、标准差等,为数据的总体趋势提供直观的描述。推断统计则用于检验假设,评估不同训练方案对运动员动力输出的影响。通过统计分析,可以揭示出隐藏在数据中的规律,为教练和运动员提供科学的训练指导。

数据可视化技术在数据分析中具有重要的应用价值。通过图形化界面,实时展示采集到的数据,使得教练和运动员能够直观地理解测量结果。数据可视化不仅能够展示当前的运动表现,还可以对比历史数据,帮助识别训练中的进步和不足。通过对数据的可视化展示,教练可以根据运动员的实时表现,及时调整训练策略,提高训练的针对性和有效性。这种直观的分析方式极大地提高了数据分析的效率和应用价值。

(三)动力输出数据的分析与应用

在现代游泳训练中,动力输出数据的分析与应用已成为提升运动员表现的重要工具。通过对动力输出数据的深入分析,教练和运动员能够获得关于划水效率和动力输出关系的精准信息。这些数据不仅揭示了运动员在水中表现的细节,还为技术改进提供了科学依据。动力输出数据的分析涉及对运动员在不同游泳姿势和速度下的表现进行量化评估,从而帮助教练制订更加精准的训练计划。通过这种数据驱动的方法,教练可以根据运动员的具体需求进行训练优化,以提高整体效率和表现。

动力输出数据的实时监测技术在训练中的应用,极大地改变了传统训练模式。这些技术能够在运动员进行训练的过程中,实时提供动力输出的反馈信息,使运动员和教练能够立即识别技术上的不足之处。通过这种即时反馈,运动员可以迅速调整划水技术,从而在训练中不断提高效率。这种实时监测不仅提高了训练的有效性,还增强了运动员对自身技术的理解和掌控能力,为长远的技术进步奠定了基础。

教练可以通过动力输出数据分析,制订个性化的训练计划,以满足运动员的独特需求。每位运动员在体能、技术和心理上都有各自的特点,因此,标准化的训练计划往往不能充分发挥每位运动员的潜力。通过分析动力输出数据,教练能够识别出每位运动员的优势和不足之处,并据此制订专门的训练方案。这种个性化的训练计划能够有效地提升运动员的表现,帮助他们在竞争中脱颖而出。

动力输出数据的趋势分析可以揭示运动员在不同训练阶段的进步情况,这对于评估训练效果至关重要。通过对比不同时期的动力输出数据,教练和运动员可以清晰地看到训练的效果和技术的进步。这种趋势分析不仅为训练计划的调整提供了依据,还可以增强运动员的信心,使他们在看到自己进步的同时,更加积极地投入训练。

基于动力输出数据的反馈机制,可以促进运动员自我反思与技术改进。这种反馈机制通过提供详细的数据分析,帮助运动员识别需要改进的技术细节,并激发他们的自我反省能力。在这种数据驱动的训练环境中,运动员不仅能够看到自己的进步,还能通过不断地自我反思和技术调整,提高整体竞技水平。这种反馈机制的应用,不仅提升了运动员的技术水平,还推动了整个游泳运动训练方法的创新。

三、划水效率与动力输出的相关性研究

(一)相关性分析的理论模型与实验设计

理论模型的构建需要考虑推进力与能量消耗的平衡。推进力是运动员在水

中前进的主要动力来源,而能量消耗则是维持这一动力的代价。划水效率的计算公式通常涉及推进力与能量消耗的比值,目的是在最小能量消耗的情况下获得最大推进力。在理论模型中,划水效率不仅与运动员的技术动作有关,还受到水流阻力、身体姿态等因素的影响。因此,构建理论模型时,需要综合考虑这些变量,以便准确评估划水效率与动力输出的关系。

为了验证理论模型的有效性,实验设计必须考虑多种因素。首先,选择具有相同技能水平的运动员作为实验对象,以减少技能差异对结果的影响。不同游泳姿势,如自由泳、蛙泳、仰泳和蝶泳,可能对划水效率和动力输出产生不同的影响。因此,实验需要涵盖多种游泳姿势,以全面分析其对划水效率与动力输出的影响。实验中使用高精度传感器进行实时数据采集,确保能够准确记录划水效率与动力输出的动态变化。这些传感器可以捕捉到游泳过程中微小的动作变化,为后续的数据分析提供翔实的支持。

在数据采集完成后,采用统计分析方法评估划水效率与动力输出之间的相关性是至关重要的。通过相关性分析,可以识别出影响划水效率的关键因素,并通过数据对比找出不同游泳姿势下的差异。统计分析不仅帮助理解划水效率与动力输出的关系,还能揭示出运动员在特定游泳姿势下需要改进的技术环节。这种分析为运动员的技术训练提供了科学依据,帮助他们在训练中进行有针对性的调整。

(二)划水效率与动力输出的定量关系

划水效率与动力输出之间的定量关系是游泳运动中一个关键的研究领域。划水效率可以通过推进力与所消耗能量的比值进行量化,这一比值不仅仅是一个简单的数学表达,而是反映了运动员在水中活动的经济性。通过对这一比值的分析,研究者能够更好地理解运动员在不同条件下的表现,进而优化其技术动作。划水效率的提高意味着在相同的能量消耗下,运动员能够获得更大的推进力,从而提高游泳速度和比赛成绩。这种经济性的提升对于长距离游泳项目尤为重要,因为能量的有效利用直接关系到运动员的耐力和最终成绩。

不同游泳姿势对划水效率的影响也是研究的重点。通过对自由泳、蛙泳、仰泳和蝶泳等不同姿势下的动力输出进行测量,研究者可以明确不同技术对划水效率的具体影响。这些数据不仅为运动员的技术改进提供了科学依据,也为教练员在制订训练计划时提供了重要的参考。特别是在高水平竞技中,细微的技术调整可能带来显著的成绩提升,因此,通过量化分析,教练员可以为运动员制订更具针对性的训练方案。

在动态条件下,划水效率与动力输出的变化可以通过实时监测技术进行分析。这些技术包括水下摄像、传感器数据采集等手段,能够实时捕捉运动员的划水动作和动力输出情况。通过这些实时数据,教练员和运动员可以及时调整划水技术,以提高整体表现。这种动态分析不仅帮助运动员在训练中即时纠正技术动作,也为比赛中的战术调整提供了数据支持。

统计分析方法在划水效率与动力输出关系的研究中扮演着重要角色。通过统计学方法,可以评估这两者之间的相关性,识别出影响划水效率的关键因素。这种分析不仅有助于理解划水效率的影响机制,也为训练提供了科学依据。通过识别影响因素,教练员可以更有针对性地设计训练计划,帮助运动员在短时间内实现技术突破。

(三)相关性研究对技术优化的指导意义

相关性研究为运动员提供了基于数据的个性化训练方案,帮助其在特定技术上进行针对性改进。这一研究通过详细分析运动员在不同游泳姿势下的划水效率与动力输出关系,能够为运动员提供精确的反馈。通过这些数据,运动员可以识别出自身技术中的不足,进而在训练中加以改进。个性化的训练方案不仅提高了运动员的训练效率,还增强了其在比赛中的竞争力。

教练在制订训练计划时,常常需要识别影响运动员表现的关键技术因素。通过分析划水效率与动力输出的关系,教练能够更加精准地优化训练内容。这种基于数据的分析方法使教练能够在训练过程中进行实时调整,从而提高训练的科学性和有效性。通过识别出影响运动员表现的关键因素,教练可以帮助运动员在短时间内实现技术突破,进而提升其整体竞技水平。

不同游泳姿势对划水效率和动力输出有着显著的影响。相关性研究能够揭示这些影响,为运动员的姿势调整提供科学依据。通过对不同姿势下划水效率与动力输出的定量分析,运动员可以更好地理解哪种姿势能够最大化其动力输出,并在训练中进行相应调整。这不仅有助于提高运动员的速度和耐力,还能有效降低体能消耗,延长其最佳竞技状态的持续时间。

划水效率与动力输出的定量关系研究为技术优化提供了实证支持,促进了训练方法的创新与发展。通过量化分析,研究人员能够提出新的训练方法和技术策略,帮助运动员在训练中更有效地提高表现。这种实证支持的训练方法不仅提升了运动员的技术能力,还推动了游泳训练科学化的发展,使得训练方法更加系统和全面。

四、影响划水效率的关键因素分析

(一)技术动作对划水效率的影响机制

研究表明,划水时手臂的入水角度对水流的切割效果产生直接影响。合理的入水角度能够有效减少水阻力,从而提高划水效率。具体来说,当手臂以适当的角度入水时,可以最大限度地减少水的扰动,使得运动员能够更顺畅地推进。这个过程要求运动员具备良好的技术意识和动作控制能力,以便在不同的游泳环境中调整入水角度。此外,手部和前臂的划水动作速度与力量输出的匹配程度也是影响划水效率的关键因素之一。优化这一匹配可以有效提升划水效率。运动员需要在训练中不断调整和优化手部动作的速度和力量输出,以达到最佳的推进效果。

身体的姿态和流线型设计在划水过程中也起到关键作用。良好的姿态能够减少水的阻力,进而提高划水效率。运动员在水中保持流线型姿态,不仅可以减少正面阻力,还能通过优化身体各部位的协调性,实现更高效的推进。为了达到这一目的,运动员需要在训练中加强核心力量和柔韧性的练习,以确保在游泳过程中能够保持稳定的姿态。脚踝的灵活性与划水动作的协调性也密切相关。灵活的脚踝可以改善腿部动作的流畅性,从而提升整体划水效率。运动员应注重脚踝的柔韧性训练,以提高在水中的推进效率。

划水过程中呼吸的时机与方式对划水动作的连贯性有显著影响。合理的呼吸策略不仅可以保持身体的平衡与推进力,还能有效提升划水效率。运动员需要根据自身的节奏和身体状况,制订合适的呼吸方案,以确保在划水过程中能够持续输出动力而不影响动作的连贯性。通过对呼吸节奏的控制,运动员可以在保持高效推进的同时,减少因呼吸不当引起的水阻力增加。综上所述,技术动作对划水效率的影响机制是一个多因素综合作用的过程,涉及入水角度、动作速度与力量匹配、身体姿态、脚踝灵活性以及呼吸策略等多个关键因素。通过系统的训练和调整,运动员可以在实际比赛中最大限度地发挥技术动作的优势,提高划水效率。

(二)身体姿态与流线型对效率的作用

运动员在水中运动时,身体姿态和流线型设计对划水效率的影响至关重要。

优化身体姿态以实现最佳的流线型设计能够显著降低水阻力,从而提高游泳效率。水中的流线型设计不仅仅是关于外观,更是关于如何有效地分散水流,减少在运动过程中形成的阻力区。通过优化身体姿态,运动员能够在水中更有效地推进,从而提高划水效率和动力输出。

合理的身体姿态能有效地分散水流,这对于减少阻力区至关重要。运动员在水中保持合适的姿态,可以最大限度地减少正面阻力,并促进推进力的产生。保持流线型的身体姿态要求运动员在游泳过程中运用核心肌群的力量,以确保身体的稳定性,避免在划水过程中的不必要的波动和阻力。核心肌群的稳定性不仅影响运动员的姿态,还直接影响划水效率和动力输出。

腿部和脚踝的姿态在水中切割水流的过程中起着关键作用。灵活的脚踝可以提高划水的流畅性,进而提升整体效率。运动员需要在水中保持腿部的适当姿态,以确保水流能够顺利通过,减少拖拽。脚踝的灵活性不仅有助于提高划水的流畅性,还能增强推进力的效率。通过训练和调整,运动员可以提高腿部和脚踝的灵活性,从而改善整体的游泳效率。

呼吸时身体姿态的调整与流线型设计密切相关。合理的呼吸策略有助于维持身体平衡,确保划水动作的连贯性与效率。在游泳过程中,呼吸是一个动态的过程,运动员需要在不影响流线型的情况下进行呼吸。通过适当的身体姿态调整,运动员可以在呼吸时保持稳定的流线型,从而不影响划水效率。有效的呼吸策略不仅提高了运动员的耐力,也有助于维持整体的游泳效率。

(三)环境因素对划水效率的影响分析

水温是一个关键的环境因素,直接影响运动员的肌肉表现和能量消耗。较高的水温可能导致肌肉疲劳加速,而较低的水温可能使肌肉僵硬,增加能量消耗。这些变化会直接影响运动员的划水效率,因为肌肉的最佳表现通常在特定的温度范围内才能实现。因此,游泳池的温度控制对于运动员的最佳表现至关重要。

水流速度的变化也是影响划水效率的重要因素。水流速度的加快会增加运动员在水中的阻力,这意味着运动员需要付出更多的力量来维持相同的速度,从而影响划水效率。流速的变化可能来源于自然水体的潮汐变化或泳池内水流的人工控制。因此,了解和适应水流速度的变化是提高划水效率的关键。此外,运动员在不同水流环境下的表现差异也为教练和运动员提供了优化训练方案的依据。

水质的好坏,包括水的清澈度和化学成分,对运动员的划水效率有着潜在的影响。水的黏度受水质的影响,黏度的变化会改变运动员在水中的推进力。清澈的水质通常意味着较低的黏度,有助于提高划水效率。相反,化学成分不佳的水可能增加水的黏度,增加运动员的阻力。此外,水质的变化也可能对运动员的皮肤和健康产生影响,从而间接影响其训练和比赛表现。

泳池的环境设置,如水的深度和温度控制,不仅影响运动员的生理反应,也影响其心理状态。浅水池可能限制划水的空间感,而深水池则可能提供更好的浮力和划水体验。温度控制不当可能导致运动员的心理压力增加,影响其专注度和表现。心理状态的变化会反映在划水效率上,因此,优化泳池环境设置是提升运动员整体表现的重要环节。通过合理的环境设计,运动员可以在心理和生理上都达到最佳状态。

第三节 动力学参数与能量消耗的关联分析

一、能量消耗的测量原理与方法

(一)能量消耗测量的理论基础与模型

通过分析肌肉活动所需的能量与运动强度之间的关系,可以更好地理解游泳过程中能量的消耗模式。生理学模型为此提供了理论支撑,帮助研究人员推导出能量消耗的基本原理。该模型通过分析肌肉收缩所需的能量,结合运动生理学中的氧耗量和乳酸生成等指标,揭示了在不同运动强度下的能量消耗特征。此理论基础不仅有助于理解能量消耗的动态变化,还为后续能量消耗的测量方法提供了科学依据。

评估游泳运动员在不同泳速下的能量消耗,直接测量法与间接测量法的结合是关键。直接测量法通常包括使用呼吸气体分析仪器测定氧气消耗,而间接测量法则通过计算心率、乳酸水平等生理指标来推测能量消耗。这两种方法的结合能够确保数据的全面性与准确性。通过在实验室环境下模拟不同的游泳速度,研究者可以精确地捕捉到运动员在实际比赛中的能量消耗情况。这种结合方法的应用不仅提高了测量的精确度,也为运动员的训练计划提供了更有针对性的指导。

影响能量消耗的因素多种多样,其中包括运动员的体重、游泳姿势、速度以及水温等。体重较大的运动员在水中移动时需要消耗更多的能量,而不同的游泳姿势也直接影响到水的阻力与运动效率。速度的变化同样会导致能量消耗的不同，较高的速度通常伴随着更高的能量需求。此外，水温的变化也会影响到运动员的能量消耗，较低的水温可能导致身体产生额外的热量来维持体温，从而增加能量消耗。这些因素的综合分析有助于制订更为科学的训练计划。

建立能量消耗与划水效率之间的数学模型是优化游泳训练与技术的重要步骤。通过分析两者之间的关系，可以识别出在特定泳姿和速度下的最佳划水效率。数学模型的建立需要考虑多种变量，包括划水频率、划水长度以及水的阻力等因素。通过对这些变量的精确计算，教练和运动员可以在训练中进行针对性的技术调整，以达到能量消耗最低化和划水效率最大化的效果。这种模型的应用不仅提高了训练的科学性，也为运动员在比赛中取得优异成绩提供了技术保障。

(二)实验设计中的变量控制与数据采集

在进行游泳运动员能量消耗的实验研究时，实验设计中的变量控制和数据采集是至关重要的环节。首先，明确控制运动员的体重和体型是确保样本一致性和代表性的基础。体重和体型是影响能量消耗的重要因素，通过严格的筛选和控制，可以减少这些变量对测量结果的干扰，从而提高实验的科学性。采用标准化的游泳姿势进行测试也是必要的。不同的游泳姿势会导致能量消耗的差异，通过统一姿势，可以减少姿势变化带来的干扰，确保数据的可靠性和可比性。

在实验过程中，控制水温和水质的变化同样重要。水温和水质是影响运动员能量消耗的环境因素，通过控制这些变量，可以消除环境对实验结果的潜在影响，确保实验条件的一致性和可重复性。这不仅有助于提高数据的准确性，还能为后续的分析提供坚实的基础。在实验设计阶段，制订明确的运动强度和时间参数是评估能量消耗的关键。通过系统性地设计这些参数，可以在不同条件下收集能量消耗数据，从而进行全面地分析和比较。

在数据采集过程中，使用多种传感器进行交叉验证是提高数据准确性的重要手段。多传感器交叉验证可以有效地减少单一传感器可能带来的误差，提高数据的可信度。这一方法不仅能够提供更为翔实的数据支持，还能确保实验结果的科学性和可靠性。通过这些精心设计的实验和严谨的数据采集方法，研究者能够更深入地理解游泳运动员的能量消耗特征，为后续的技术分析和优化提供重要的参考依据。

(三)能量消耗测量的精度与可靠性分析

能量消耗测量的精度与可靠性在游泳运动员的训练和比赛中至关重要。为了确保测量的精度和可靠性,采用高精度的传感器设备是必不可少的。这些设备能够在不同的游泳条件下提供准确的数据,帮助教练和运动员更好地理解能量消耗的具体情况。特别是在水中环境复杂多变的情况下,传感器的精度直接影响到测量结果的真实性和实用性。因此,选择高质量的传感器设备是确保能量消耗测量可靠性的关键。

实验设计中,控制运动员的体重及体型是减少个体差异对能量消耗测量影响的有效手段。每位游泳运动员的体重和体型不同,这些差异会导致能量消耗的变化,从而影响测量结果的可比性。因此,在实验设计阶段,研究者需要严格控制这些变量,以确保能量消耗数据的准确性和一致性。这种控制不仅有助于提高实验结果的可信度,还能为后续的分析提供可靠的数据基础。

在能量消耗测量的过程中,环境因素如水温和水质也需要保持一致。这是因为外界条件的变化可能对能量消耗产生潜在的干扰,进而影响测量结果的准确性。通过在实验过程中严格控制这些环境因素,可以有效消除外界条件对能量消耗测量的干扰,从而提高数据的可靠性。这种一致性对于长期的研究和分析尤为重要,能够为科学研究提供稳定的基础。

二、动力学参数对能量消耗的影响机制

(一)动力学参数与能量消耗的力学关系

合理的划水技术是优化能量使用的关键因素之一。通过精确的划水动作,运动员能够减少不必要的能量输出,从而提高运动效率。研究表明,动力学参数的优化能够显著降低能量需求,这对于长距离游泳尤其重要。通过改善划水技术,运动员不仅可以减少体力的消耗,还能在比赛中获得更好的成绩。

水阻力是影响运动员能量消耗的另一个重要因素。推进力与水阻力之间的关系决定了运动员在水中的效率。优化推进力的策略包括改进身体姿势和划水动作,以最大限度地减少水阻力。通过这样的技术调整,运动员可以显著降低能量消耗,同时保持较高的速度。水流动力学研究表明,流线型姿势能够有效降低阻力,使运动员在相同的能量输出下游得更快、更远。

不同游泳姿势对水流分布的影响也直接关系到能量消耗。流线型姿势不仅有助于减少水阻力，还能优化身体在水中的位置，提高推进效率。研究发现，运动员在采用流线型姿势时，能够更加顺畅地穿过水体，减少了与水的摩擦，从而降低了能量消耗。这种姿势的优化对于游泳运动员在比赛中保持高水平的表现至关重要。

(二)参数变化对能量消耗的动态影响

在游泳运动员的训练与比赛中，了解动力学参数对能量消耗的动态影响至关重要。参数的变化不仅影响运动员的表现，还直接关系到其能量的有效利用。运动员在不同速度下的划水频率变化是影响能量消耗的一个关键因素。研究表明，较高的划水频率虽然能够增加推进力，但同时也会导致能量消耗的增加。这种现象在短距离的竞速游泳中尤为明显，运动员需要在速度与能量消耗之间找到最佳平衡，以便在比赛中取得优异成绩。

水阻力是另一个显著影响能量消耗的因素。运动员在水中的姿势调整会直接影响到水阻力的大小。通过优化游泳姿势，运动员可以显著降低水阻力，从而减少不必要的能量消耗。姿势的优化不仅包括身体的流线型调整，还涉及划水动作的协调性和一致性。通过科学的训练和技术分析，运动员能够在水中保持最佳姿势，提高游泳效率，达到节能的效果。

划水动作的力度与能量消耗之间存在密切的关系。适当的划水力度能够在保证推进力的同时减少能量的浪费。过大的力度虽然能够提供更大的推进力，但也会导致过多的能量消耗，增加疲劳感。相反，力度不足则无法提供足够的推进力，影响速度。因此，运动员需要通过训练掌握力度的平衡，以便在比赛中发挥最佳水平。

运动员的体温调节能力也是影响能量消耗的重要因素。水温的变化会对运动员的体温调节产生影响，较低的水温可能导致运动员需要消耗更多的能量来维持体温的稳定。这种情况下，运动员的能量消耗不仅用于运动，还用于体温的维持。因此，在训练和比赛中，运动员需要根据水温调整策略，以减少额外的能量消耗。

(三)基于动力学参数的节能优化策略

优化划水动作的频率与力度是实现节能的关键。通过科学的训练方法，运动员可以找到最佳划水节奏,以减少能量消耗。具体而言,合理的划水频率能够确保运动员在水中保持稳定的推力,而适当的力度则有助于在不增加额外能量消耗的情况下提高游泳速度。此外,个性化的训练计划可以帮助运动员逐步调整划水动作,找到最适合自身的节奏,从而在比赛中发挥最佳水平。

利用水流动力学原理调整运动员的身体姿态和入水角度,是降低水阻力、节省能量的有效策略。水流动力学研究表明,运动员的身体姿态与入水角度对水阻力的影响显著。通过调整身体的平衡与流线型姿态,运动员可以有效减少前进过程中的阻力,进而降低能量消耗。此外,精确的入水角度能够减少水花和涡流的产生,使运动员在水中更加顺畅地前进。这些调整需要通过长期的训练和科学的分析来实现,以确保运动员在比赛中具备最佳的水动力学优势。

实施个性化的力量与耐力训练,能够显著增强运动员的肌肉力量,使其在划水过程中以更低的能量输出达到相同的推进力。力量训练的重点在于提高肌肉的爆发力和耐力,而耐力训练则关注于提高心肺功能和肌肉的持续工作能力。通过结合这两种训练方法,运动员可以在提高力量的同时,确保在长时间的游泳过程中保持稳定的能量输出。此外,个性化的训练计划能够根据运动员的具体需求和身体状况进行调整,以达到最佳的训练效果。

引入生物力学分析工具,实时监测运动员的动作表现,是提升划水效率、降低能量消耗的重要手段。生物力学分析工具可以提供关于运动员动作细节的精确数据,使教练和运动员能够快速识别技术上的不足,并进行相应的调整。通过对划水动作的实时监测,运动员可以在训练中不断优化自己的技术动作,减少无效的能量消耗。此外,生物力学分析还可以帮助运动员了解不同技术动作对能量消耗的影响,从而制定更有效的训练策略。

三、不同泳姿下能量消耗的动力学特征

自由泳作为最常用的泳姿之一,其能量消耗特征表现出较强的线性关系,尤其是在不同速度下,能量消耗随着速度的增加显著上升。这种线性关系的存在使得自由泳成为研究动力学参数与能量消耗关系的理想模型。与此不同,蛙泳的能量消耗主要受划水频率和划水力度的影响。较高的划水频率通常伴随更大的能量需求,这与蛙泳独特的技术动作密切相关。仰泳由于身体姿态的特殊性,其水阻力相对较小,但在维持头部出水的情况下,能量消耗依然显著。这一现象说明了仰泳在技术执行中的复杂性。蝶泳因其独特的划水动作和身体波动,通常需要较大的力量输出,导致能量消耗显著高于其他泳姿。蝶泳的复杂动作和高强度需

求使其成为能量消耗研究的重要对象。

自由泳在不同速度下的能量消耗特征表现出较强的线性关系,这一特征在专业游泳训练中具有重要的指导意义。随着速度的增加,能量消耗显著上升,这一现象强调了速度与能量需求之间的直接关联。研究表明,自由泳的速度与能量消耗之间的关系不仅仅是动力学参数的简单体现,更是运动员技术水平和体能状态的综合反映。在自由泳训练中,运动员通过调整划水频率和力度,可以有效控制能量消耗,达到节能的效果。因此,自由泳的能量消耗特征为教练员提供了优化训练计划的重要依据。

蛙泳的能量消耗主要受划水频率和划水力度的影响,这一特征在蛙泳技术训练中具有重要的实践价值。较高的划水频率通常伴随更大的能量需求,这表明运动员在提高速度的同时,也需要更高的体能储备。研究表明,蛙泳的技术动作复杂且要求精确,因此,运动员在训练中需要通过反复练习来提高技术熟练度,从而有效降低能量消耗。蛙泳的能量消耗特征为教练员在制订训练计划时提供了科学依据,帮助运动员在比赛中实现最佳表现。

仰泳由于身体姿态的特殊性,其水阻力相对较小,但在维持头部出水的情况下,能量消耗依然显著。这一特征揭示了仰泳在技术执行中的复杂性。研究表明,仰泳的能量消耗不仅与水阻力有关,还受到运动员身体姿态和划水技术的影响。为了降低能量消耗,运动员需要在训练中不断优化身体姿态和划水动作。仰泳的能量消耗特征为教练员在制定训练策略时提供了重要的参考,帮助运动员在比赛中实现更高效的能量利用。

蝶泳因其独特的划水动作和身体波动,通常需要较大的力量输出,导致能量消耗显著高于其他泳姿。这一特征使得蝶泳成为能量消耗研究的重点对象。研究表明,蝶泳的高能量消耗不仅与其复杂的技术动作有关,还与运动员的体能水平密切相关。在蝶泳训练中,运动员需要通过提高力量和耐力来满足高能量需求。蝶泳的能量消耗特征为教练员在制订训练计划时提供了重要的指导,帮助运动员在比赛中实现力量与技术的最佳结合。

四、能量消耗与运动表现的定量关系

(一)能量消耗与运动表现的理论模型

在游泳运动中,能量消耗与运动表现之间的关系一直是研究的重点。通过理论模型的建立,我们可以更清晰地理解这一关系。能量消耗与运动表现之间通常存在正相关关系,意味着运动员在水中表现出的速度与所消耗的能量成正比。能量消耗越高,通常意味着运动表现越好。这一理论模型不仅有助于解释运动员在不同强度训练下的表现差异,还为制订科学的训练计划提供了理论依据。

在能量消耗与运动表现的研究中,数学模型的建立是关键步骤之一。通过这些模型,可以量化能量消耗与划水效率之间的关系。教练和运动员利用这些量化数据,能够识别出最佳的训练策略,以提高整体表现。数学模型的应用使得训练从经验导向转向数据导向,为游泳运动科学化提供了强有力的支持。

然而,能量消耗的评估并不简单,它不仅依赖于运动强度,还受到运动员的体重、游泳姿势和技术水平等多种因素的影响。这些因素共同决定了运动表现的优劣。因此,在进行能量消耗分析时,必须综合考虑这些变量,以便准确评估运动员的表现和制订个性化的训练计划。

能量消耗的动态变化与游泳速度密切相关。不同速度下的能量消耗特征为运动员制订个性化训练计划提供了重要依据。通过分析不同速度下的能量消耗,教练可以帮助运动员在训练中找到最佳的速度区间,以达到最高的运动效率和表现。同时,这也为运动员在比赛中选择适当的速度策略提供了科学依据。

(二)定量关系的实验设计与数据分析

在研究游泳运动员的能量消耗与运动表现的定量关系时,实验设计与数据分析至关重要。首先,需要设计实验来测量不同泳速下运动员的能量消耗。为了确保数据的可靠性,样本的选择必须具有均匀性和代表性。这意味着实验参与者应涵盖不同年龄、性别和技能水平的运动员,以使数据能够反映广泛的运动员群体。其次,实验条件应尽可能标准化,以减少外部变量对结果的影响,确保测量结果的准确性。

采用高精度的传感器是数据采集过程中不可或缺的一部分。这些传感器能够实时记录运动员在不同泳姿下的能量消耗数据,确保数据采集的准确性和完整性。传感器的选择和校准需要经过严格的测试,以保证其在水中环境下的稳定性和可靠性。这样,研究者可以获得详尽的能量消耗数据,为后续的分析提供坚实的基础。通过这些高精度设备的应用,研究者能够捕捉到微小的能量变化,进而更深入地理解能量消耗与运动表现之间的关系。

为了减少不同技术和姿势对能量消耗测量的影响,实施标准化的游泳测试程序是必要的。在实验过程中,所有参与者应遵循统一的测试程序和指导,以确保数据的可比性。这包括控制泳池环境、统一的热身和冷却程序等。标准化测试的实施不仅可以提高数据的可信度,还能使不同实验之间的数据更具可比性,从而为科学研究提供更为可靠的依据。

运用统计分析方法对能量消耗与划水效率之间的关系进行量化分析是研究的核心部分。通过多元回归分析、方差分析等统计技术,研究者可以识别影响能量消耗的关键因素,并为训练提供科学依据。这些分析方法可以帮助确定哪些技术细节对能量消耗影响最大,从而指导运动员和教练在训练中进行针对性调整。通过这种科学的分析方法,能量消耗与划水效率的关系能够被更清晰地量化和理解。

(三)基于定量关系的训练优化策略

在游泳运动员的训练中,基于能量消耗与划水效率的定量关系,制订个性化的训练计划是提升运动表现的关键。每位运动员在技术特点和身体素质上都有其独特性,因此,训练计划需充分考虑这些因素,以便在提高整体表现的同时,满足运动员的具体需求。通过对能量消耗与划水效率的定量分析,可以更精确地识别运动员在训练中的能量利用模式,进而为其量身定制训练方案。这种个性化的策略不仅能帮助运动员在短期内看到显著进步,还能在长期发展中奠定坚实基础。

实时监测数据在优化训练中的作用不可忽视。通过高精度的数据采集设备,教练和运动员能够在训练过程中实时获取划水技术的反馈。这种即时反馈机制有助于运动员在训练中及时调整划水动作,以优化划水效率和降低能量消耗。通过不断调整和优化,运动员能够在训练中逐步接近其最佳运动表现,确保在比赛中能发挥出色。此外,实时数据监测还可以帮助发现潜在的技术问题,提供针对性的改进建议,从而提高训练的有效性。

针对不同泳姿的专项训练也是提升运动表现的重要策略。每种泳姿在能量消耗和划水效率上都有其特点,因此,分析各泳姿的能量消耗特征是制定技术改进策略的前提。通过对比分析不同泳姿的能量利用效率,教练可以制定相应的技术改进策略,提升运动员在各个泳姿中的划水效率。这样的专项训练,不仅能提高运动员的整体技术水平,还能帮助其在比赛中灵活应对不同泳姿的挑战,取得更好的成绩。

结合生物力学分析工具的实时评估是确保训练有效性的关键。生物力学分析工具可以精确捕捉运动员的划水动作,提供详细的技术数据。通过这些数据,教练可以及时调整训练内容,确保运动员在不同训练条件下都能保持高效的能量输出与划水效率。这种科学的分析方法有助于提高训练的针对性和有效性,帮助运动员在训练中不断突破自身极限,达到更高的运动水平。

五、基于动力学参数的节能训练策略

(一)节能训练的理论基础与设计原则

通过对游泳运动员划水技术和姿势的科学调整,可以显著减少能量消耗,提升运动效率。在游泳运动中,动力学参数如推力、阻力和浮力的合理配置,是实现高效游泳的关键。因此,节能训练需围绕这些参数展开,强调通过优化划水技术和姿势调整来实现能量的最小化消耗。具体而言,运动员应在训练中注重手臂的入水角度、划水路径以及腿部打水的节奏,这些技术细节的优化将直接影响到水中动力学参数的表现,进而影响能量消耗的效率。

设计节能训练方案时,个性化是不可或缺的原则。每位运动员的体型、技能水平和生理特征各不相同,因此训练计划应根据这些个体差异进行量身定制。通过对运动员的动态分析,可以识别出其在划水效率上的不足之处,并据此制订针对性的训练方案。这样的个性化训练不仅能够提升运动员的划水效率,还能有效预防因训练不当而导致的运动损伤。此外,个性化训练方案还应考虑到运动员的心理状态和训练习惯,以确保训练的可持续性和有效性。

科学的数据采集与分析是节能训练的基础保障。通过实时监测运动员的能量消耗和划水效率,教练可以根据数据反馈调整训练方案。现代技术的发展使得在训练中使用可穿戴设备和水下摄像技术成为可能,这些设备能够提供详细的动力学参数数据,如心率、速度、划水频率等。通过对这些数据的分析,教练可以更精准地评估运动员的训练效果,并及时调整训练策略,以达到最佳的节能效果。数据驱动的训练方案不仅提高了训练的科学性,也为运动员的长期发展提供了可靠的依据。

(二)动力学参数在节能训练中的应用

游泳运动员在水中的表现不仅取决于其体能和技术,还与动力学参数密切相关。这些参数包括水中阻力、推进力、划水频率等,它们共同影响能量消耗和运动效率。在节能训练中,动力学参数的应用至关重要。通过精确的动力学分析,可以为运动员提供科学的训练指导,帮助他们在比赛中取得更好的成绩。

实时监测运动员的划水动作与水中动力学参数是实现节能训练的重要手段。通过高精度传感器和数据采集设备,教练可以实时获取运动员的划水速度、频率、力量等参数。这些数据不仅可以用于分析运动员当前的技术状态,还能帮助教练及时调整训练内容,以实现最佳的能量输出与划水效率平衡。例如,当监测到运动员的划水频率过高而推进力不足时,教练可以引导其在保持频率的同时增加划水力度,从而提高效率。

应用生物力学分析工具是评估不同游泳姿势对能量消耗影响的重要方法。生物力学工具能够精确测量运动员在不同姿势下的水阻力和推进效率。通过分析这些数据,教练可以指导运动员优化姿势,以降低水阻力和提高推进力。例如,蝶泳和自由泳的姿势优化可以显著减少能量消耗,同时提高速度。这种基于数据的姿势优化不仅能提升运动成绩,还能有效减少运动员的疲劳感。

结合力量与耐力训练是增强运动员肌肉能力的重要策略。通过系统的力量训练,运动员可以提高肌肉的爆发力和耐力,从而在划水过程中以更低的能量消耗达到相同的推进力。这种训练通常包括陆上力量训练和水中耐力训练的结合,以全面提升运动员的体能水平。此外,力量训练还可以帮助运动员在比赛中保持更长时间的高效划水状态,进一步提升其比赛表现。

第四章　游泳运动员水中数据采集系统的集成与应用

第一节　多源数据融合与同步技术

一、多源数据融合的技术框架与流程

（一）多源数据融合的系统架构设计

多源数据融合的系统架构设计涉及将不同来源的数据进行综合处理，以提供更全面和准确的运动分析。这种融合技术在游泳训练中尤为重要，因为它能够整合多个传感器和摄像头的数据，从而更好地理解运动员的水中表现。通过有效的数据融合，教练和运动员可以获得更精确的反馈，从而优化训练效果。

在数据采集设备的选择与配置方面，传感器和摄像头是关键组件。传感器可以实时捕捉运动员的生物力学数据，如速度、加速度和姿态，而摄像头则提供视觉数据，帮助分析运动员的技术动作。为了确保数据的高质量和一致性，设备的选择必须考虑其精度、响应速度和耐用性。此外，设备的配置还需考虑水下环境的特殊性，如防水性能和抗干扰能力。

数据预处理是多源数据融合的一个重要阶段，包括数据清洗、去噪声和标准化。数据清洗的目的是去除不准确或不完整的数据，以提高数据集的质量。去噪声技术则用于消除传感器和环境中的随机噪声，从而提高数据的准确性。标准化处理则确保来自不同设备的数据具有可比性，使得后续的数据融合更加顺畅和有效。

在数据融合算法的应用中，卡尔曼滤波和粒子滤波是常用的方法。卡尔曼滤波是一种递归算法，适用于线性系统的数据融合，能够有效地处理噪声和不确定性。粒子滤波则适用于非线性和非高斯系统，提供了更灵活的解决方案。这些算法的应用能够显著提高数据融合的精度，为运动员的技术分析提供可靠的基础。

（二）数据融合的流程与关键节点

数据采集阶段的时间同步机制是确保来自不同传感器的数据在时间维度上

保持一致性的基础。时间同步的精确性直接影响到数据融合的质量,因此,采用高精度的时间同步协议和技术,如网络时间协议(NTP)或全球定位系统(GPS)时间戳,是必要的步骤。通过这些技术手段,可以有效减少时间偏移,确保在数据融合过程中,不同来源的数据能够准确匹配,从而提高分析的可靠性。

在数据融合过程中,算法的选择是另一个关键环节。不同的应用场景、数据类型和处理速度要求决定了数据融合算法的选择依据。例如,在实时性要求较高的情况下,需要选择计算效率较高的算法,而在数据类型复杂多样的情境中,则可能需要采用更为复杂的融合算法,如卡尔曼滤波、贝叶斯网络等。这些算法在处理多源异构数据时,能够有效地提取和整合信息,为后续的分析提供坚实的基础。

关键特征提取的步骤是从原始数据中提炼出对运动员表现有意义的指标的核心环节。在这一过程中,必须对原始数据进行预处理,包括去噪、归一化等操作,以确保数据的质量。随后,通过特征选择和提取技术,如主成分分析(PCA)或独立成分分析(ICA),可以从大量数据中提炼出最能反映运动员表现的特征。这些特征不仅有助于评估运动员的当前状态,还能为训练计划的制订提供科学依据。

二、数据同步的时间戳与信号对齐方法

(一)时间戳生成与同步的技术实现

时间戳的生成依赖于高精度时钟同步技术,确保不同设备在同一时间基准下运行。时钟同步的精度直接影响数据的准确性,特别是在高速运动的水中环境中,任何微小的时间误差都可能导致数据分析的偏差。为了实现这一目标,通常采用网络时间协议(Network Time Protocol,NTP)进行多设备间的时间同步。NTP是一项广泛应用的技术,能够在不同设备之间实现毫秒级的时间对齐,确保数据的同步性和一致性。

时间戳生成的基本原理涉及时钟同步和时间精度的影响。在水中数据采集中,时钟同步需要考虑水下环境的特殊性,如信号传播速度和设备间的物理距离。时间精度的影响不仅体现在数据采集的准确性上,还关系到后续数据分析的可靠性。为此,选择合适的时间戳数据格式和标准化方案至关重要。标准化的数据格式可以确保不同设备间的数据一致性,便于后续的数据处理和分析。此外,信号对齐技术的实现也是数据同步中的重要环节。

不同传感器间时间戳对齐的技术方法多种多样,其中基于网络时间协议同步是一种常用的方法。NTP通过网络连接各个传感器,确保它们在同一时间基准下工作。然而,水中环境的复杂性可能导致信号传输的延迟和抖动,因此需要采用插值算法和延迟补偿方法来实现信号对齐。这些技术方法可以有效地减少时间偏差,提高数据的准确性和可靠性。

时间戳数据格式的选择与标准化是确保各设备间数据一致性的关键。标准化的数据格式不仅有助于提高数据的兼容性,还能简化数据处理的复杂性。在选择数据格式时,需要考虑设备的硬件性能、数据传输速率和存储容量等因素。此外,实时监测与调整机制是动态应对数据采集过程中可能出现的时间偏差的重要手段。通过实时监测,系统可以及时发现和调整时间偏差,确保数据的准确性和一致性。

(二)信号对齐的算法设计与优化

信号对齐算法的基本框架包括信号预处理、特征提取和对齐策略的整合。信号预处理是对采集到的原始数据进行去噪和滤波的过程,以去除干扰和噪声,确保后续分析的准确性。特征提取则是从预处理后的信号中提取出关键特征,这些特征可以是时间域或频域的指标,如峰值、频率分量等。对齐策略的整合则是将提取的特征进行合理地匹配和对齐,以实现多源信号的同步分析。

基于时间延迟估计的方法,如互相关函数和时频分析,是优化信号对齐精度的重要手段。互相关函数通过计算两个信号的相关性来估计它们之间的时间延迟,而时频分析则通过分析信号在时间和频率上的分布来识别和校正时间偏差。这些方法能够有效地提高信号对齐的精度,尤其是在处理复杂的水下环境中信号传输时,不同信号源之间的时间差异会影响数据的准确性,通过这些方法可以实现更为精确的对齐。

自适应信号对齐算法的设计是信号对齐领域的一个重要发展方向。这类算法能够根据实时数据变化动态调整对齐参数,以适应不同的环境和信号特性。自适应算法通过实时监测信号特征的变化,自动调整对齐策略,确保在不同条件下都能实现最佳的信号对齐效果。这对于游泳运动员在不同水下环境中的训练和比赛数据采集尤为重要,因为环境变化可能导致信号特性发生显著变化。

多通道信号融合中的信号对齐策略是确保不同传感器数据在同一时间窗口内有效整合的关键。多通道信号融合需要处理来自多个传感器的异步数据,这些数据可能在时间上存在偏差。通过信号对齐策略,可以将不同通道的数据在同一时间基准上进行整合,从而实现对运动员状态的全面分析。这种整合不仅提高了数据的完整性,还能为后续的技术分析提供更为准确的基础。

(三)同步精度的影响因素与改进策略

在游泳运动员水中数据采集系统中,同步精度的影响因素与改进策略是确保数据准确性的关键。首先,传感器的精度与稳定性直接影响同步精度。选择高精度的传感器可以有效减少测量误差,从而提高数据的可靠性。这是因为高精度传感器能够提供更为细致和准确的测量数据,减少了因设备误差带来的数据偏差。为了达到这一目标,研究者通常会在设备选型阶段进行严格的测试和评估,以确保所选传感器能够在实际应用中保持稳定的性能表现。

环境因素也是影响同步精度的重要方面。温度和湿度的变化可能对传感器的性能产生显著影响,因此需要进行环境监控与补偿。在水下环境中,温度的波动可能导致传感器的测量值发生漂移,而湿度的变化则可能影响电子元件的电气特性。因此,实施实时的环境监控系统,结合适当的补偿算法,可以有效减少环境因素对数据准确性的干扰。这不仅提高了数据的可靠性,也为后续的数据分析提供了更为坚实的基础。

此外,数据传输延迟的管理是实现高精度同步的另一关键因素。通过优化数据传输协议与网络架构,可以显著降低数据传输过程中的延迟。具体而言,采用高效的传输协议和合理的网络拓扑结构,可以减少数据在传输链路中的停留时间,从而提高数据同步的实时性。这对于需要进行实时分析和反馈的应用场景尤为重要,因为任何延迟都可能导致数据的时效性下降,影响分析结果的准确性。

三、多源数据融合的算法设计与优化

(一)数据融合算法的选择与设计

数据融合算法的选择必须基于数据特性进行,包括数据的维度、噪声特性和实时性要求。这些因素直接影响到算法的适配性和处理效率。数据维度的多样性要求算法具备处理多元数据的能力,而噪声特性则需要算法能够有效地滤除噪声,以保证数据的准确性。实时性要求则考验算法的处理速度,尤其是在动态的训练环境中,数据处理的时效性至关重要。因此,选择合适的算法类型,如加权平均、贝叶斯融合等,能够有效满足这些要求。

在算法设计过程中,需充分考虑融合目标的具体需求。精度、计算复杂度和实时性是设计中需要平衡的几个关键因素。精度是指算法在多源数据融合后输出结果的准确性,这直接关系到训练指导的有效性。计算复杂度则涉及算法在处理数据时的资源消耗,过高的复杂度可能导致系统资源的浪费或无法实时响应。实时性则是指算法在动态环境下的响应速度,尤其是在高强度的训练过程中,实时性是保证数据应用价值的关键。因此,在设计过程中,需要根据具体的应用场景和需求,选择合适的算法类型,以达到最佳的融合效果。

针对不同传感器数据的异构性,设计适应性强的融合算法是实现多源数据有效整合和信息互补的关键。不同类型的传感器可能输出不同格式、不同精度的数据,这要求融合算法具备强大的适应性和兼容性。通过设计能够处理异构数据的算法,可以实现对不同数据源的有效整合,充分利用各类数据的优势,实现信息的互补。这不仅提高了数据的利用率,也增强了系统对复杂环境的适应能力,为游泳运动员的训练提供更为精准的数据支持。

(二)算法优化中的计算效率与精度平衡

在游泳运动员水中数据采集与分析中,算法优化的计算效率与精度平衡是一个关键问题。算法的计算复杂度直接影响其在处理大规模数据时的表现。为了确保算法在处理大规模数据时仍能保持高效性,必须对计算复杂度进行详细评估。计算负担过重会导致实时性下降,这是在动态训练环境中无法接受的。因此,在算法设计阶段,需要进行复杂度分析,以便在开发过程中提前识别并解决可能的瓶颈问题。通过合理的评估和优化,确保系统能够在不牺牲实时性的前提下,有效处理大量数据。

为了在保证一定精度的前提下提高数据融合算法的运行速度,可以引入近似计算和模型简化技术。近似计算允许在某些非关键节点上采用简化的计算方式,从而减少计算量,而模型简化则通过降低模型的复杂性来提高运行效率。这些技术的应用,使得数据融合算法能够快速响应动态训练环境的需求,不仅提升了系统的实时性,还在一定程度上保持了数据处理的精度。这种平衡是通过对算法的深入理解和实验验证实现的,确保在不同的应用场景中都能发挥最佳性能。

在多源数据融合中,结合多种算法的优点,通过集成学习方法提升整体性能,是实现计算效率与精度双重优化的有效途径。集成学习方法通过组合多种算法的优势,能够在不同训练场景下提供更为准确和高效的数据处理能力。这种方法不仅提高了数据融合的精度,还在计算效率上取得了显著的提升。通过集成学习,系统能够更好地适应不同训练场景的需求,提供更为灵活和准确的数据分析结果,有助于提升游泳运动员的训练效果和比赛成绩。

四、数据融合中的噪声过滤与误差校正

(一)噪声来源分析与过滤技术

在游泳运动员的水中数据采集中,噪声的来源是影响数据准确性的重要因素。噪声主要来自三个方面:环境噪声、设备噪声和信号干扰。环境噪声通常包括水流的波动和外界声波的干扰,这些因素会在数据采集过程中引入不必要的信号变化。设备噪声则是传感器本身的灵敏度和精确度不足所导致的信号波动。此外,信号干扰也可能来自其他电子设备的电磁波,这些都会对数据的纯净度产生影响。因此,分析噪声来源是进行有效过滤的前提。

为了有效地过滤噪声,通常采用多种技术来提高数据的准确性。噪声过滤技术可以大致分为时域滤波、频域滤波和自适应滤波等类别。时域滤波主要通过分析信号在时间轴上的变化来消除噪声,而频域滤波则通过傅里叶变换等方法将信号转换到频率域来识别和去除不需要的频率成分。自适应滤波则是一种动态调整滤波器参数的技术,可以根据输入信号的变化实时优化滤波效果。这些技术的结合使用能够更有效地提高数据的质量。

在具体的噪声过滤算法中,常用的包括均值滤波、中值滤波和卡尔曼滤波等。均值滤波通过对信号进行平均化处理来减少随机噪声的影响,而中值滤波则通过选择信号的中值来消除尖锐的噪声干扰。卡尔曼滤波是一种递归算法,能够在动态系统中对噪声进行实时估计和修正,特别适用于处理具有时变特性的信号。这些算法各有优缺点,在实际应用中需要根据具体需求进行选择。

(二)误差校正的算法设计与实现

误差校正的基本原理包括模型建立、误差源识别和校正策略设计。模型建立是误差校正的基础,通过构建数学模型来描述数据采集过程中可能出现的误差类型及其影响。误差源识别则是通过分析采集数据,识别出影响数据准确性的主要误差来源,如传感器漂移、环境变化等。校正策略设计则是根据识别出的误差源,制订相应的调整和补偿方法,以提高数据的准确性和可靠性。这一过程需要结合实际应用场景,灵活调整模型和策略,以确保校正效果的最佳化。

基于统计学方法的误差校正技术在游泳运动员水中数据采集中具有重要应用。最小二乘法和最大似然估计是常用的统计学方法，通过这些技术，可以有效地提升数据的准确性。最小二乘法通过最小化误差平方和来优化模型参数，从而减少测量误差的影响。最大似然估计则通过最大化数据在给定模型下的概率来进行参数估计，适用于数据呈现特定分布的情况。这些方法在误差校正中提供了强有力的数学工具，使得数据校正过程更加科学和精确，尤其是在处理复杂的水中环境数据时，能够显著提高数据的可信度。

动态误差校正算法的设计是应对环境变化和传感器漂移的重要手段。这类算法能够实时监测和调整数据，以适应动态变化的水中环境。通过实时数据分析，动态误差校正算法可以识别出传感器数据中的异常，并迅速进行调整，确保数据的连续性和准确性。这样的设计不仅提高了数据采集的实时性，还增强了系统在复杂环境中的适应性。这种实时校正能力在游泳运动员的训练和比赛中尤为重要，因为水中环境的变化往往是不可预测的，实时校正能够为运动员提供更为精确的反馈。

多传感器融合中的误差校正策略是确保数据整合过程中减小各传感器间误差影响的关键。在多传感器系统中，不同传感器可能会由于各自的测量原理和环境适应性不同而产生误差。通过设计合理的误差校正策略，可以有效地减小这些误差对数据融合结果的影响。常用的方法包括加权平均、卡尔曼滤波等，这些方法通过对不同传感器数据进行加权处理或递归估计，能够有效地提高融合数据的精度和一致性。这种策略在复杂数据环境下尤为重要，能够为后续的数据分析和决策提供可靠的基础。

（三）噪声过滤与误差校正的综合效果评估

在游泳运动员水中数据采集系统中，噪声过滤技术的应用能够显著提升数据的清晰度和信噪比，从而提高数据的整体质量。通过对比应用噪声过滤技术前后的数据，可以观察到数据清晰度的显著改善，信噪比的提高也使得数据更加可靠。这种技术的有效性不仅体现在数据的表面质量上，更深层次地影响了后续数据分析的准确性和有效性，为运动员技术分析提供了坚实的数据基础。

误差校正算法的准确性在实际应用中至关重要。通过对比校正前后的数据一致性，可以验证误差校正算法的有效性。校正后的数据应与预期的真实运动状态更加接近，这种一致性验证能够确保数据反映了运动员的真实表现。误差校正不仅是对数据的简单调整，更是对数据与实际运动状态之间差异的精确修正。这种高精度的校正过程为运动员的表现分析提供了更为可靠的数据支撑。

综合评估噪声过滤与误差校正对运动员表现指标的影响是确保数据能够真实反映运动状态的关键步骤。通过对运动员表现指标的分析,可以评估噪声过滤与误差校正技术在改善数据准确性方面的贡献。这种评估需要结合多种数据指标进行综合分析,以确保最终的数据能够准确反映运动员的真实技术水平和表现状态。这一过程不仅是对技术手段的验证,更是对运动员训练效果的科学评估。

实时处理能力是影响噪声过滤与误差校正效果的重要因素。系统的响应时间与数据处理效率直接关系到噪声过滤与误差校正的实际应用效果。在高效的数据处理环境中,实时性的数据处理能力能够确保噪声过滤与误差校正技术的有效发挥。分析系统响应时间与数据处理效率的关系,有助于优化系统性能,确保在实际应用中能够快速、准确地处理数据,从而为运动员提供实时的技术反馈。

第二节 数据采集系统的实时性与准确性

一、实时数据采集的技术实现路径

(一)实时数据采集的硬件与软件支持

为了捕捉运动员在水中的动态表现,系统需要部署多种传感器类型,包括加速度计、陀螺仪和压力传感器。这些传感器能够记录运动员的速度、姿态和水下压力变化,从而提供全面的运动分析数据。硬件架构设计是实现实时数据采集的基础,必须确保各个传感器与数据处理单元之间的有效连接与协同工作。这种设计不仅要求硬件设备的可靠性,还需考虑其在水下环境中的耐用性和防水性能,以保证数据的准确性和稳定性。

在实时数据采集过程中,数据处理软件的开发与优化起着至关重要的作用。该软件必须能够支持数据的快速分析与反馈,以便教练和运动员及时调整训练策略。高效的数据处理算法和用户友好的界面设计是软件开发的核心。通过优化算法,系统可以在极短的时间内处理大量的数据,生成可视化的分析结果,为运动员提供清晰的技术指导。数据传输技术的选择同样重要,常用的无线通信协议如蓝牙和Wi-Fi,可以确保数据在采集与处理过程中的低延迟和高可靠性。这种高效的传输机制能够使数据实时传递到教练的终端设备,实现即时的技术分析和反馈。

系统集成的灵活性是保障数据采集系统适应不同训练环境和技术需求变化的关键。硬件与软件的兼容性设计使得系统能够根据不同的训练目标和环境条件进行调整和升级。无论是在室内泳池还是开放水域，系统都能有效地进行数据采集和分析。通过模块化的设计，系统可以方便地添加或替换不同类型的传感器和处理单元，以满足特定的训练需求。这种灵活的系统集成策略不仅提高了数据采集的效率，也为未来的技术发展和应用提供了广阔的空间。

（二）数据传输与处理的实时性优化

一是优化数据传输协议。通过降低延迟，确保数据在采集与处理过程中的快速流动，可以显著提高系统的响应速度。采用先进的传输协议，如基于UDP（用户数据报协议）的传输方式，能够在保障数据完整性的同时减少传输时间。这样的协议设计不仅能提升数据传输的效率，还能在面对复杂的水下环境时保持较高的可靠性。

二是边缘计算技术的采用。将数据处理任务分散到离传感器更近的设备上，可以有效减少数据传输时间。这种分布式计算模式使得大量数据能够在本地进行初步处理，从而降低对中心服务器的依赖，减少网络带宽的占用。这种方式不仅提高了系统的实时性，还能在一定程度上增强系统的稳定性和抗干扰能力，特别是在水下环境复杂多变的情况下。

三是数据压缩算法的实现。通过压缩数据体积，可以在不牺牲数据完整性与准确性的前提下，加快数据的传输速度。常用的压缩算法包括无损压缩和有损压缩，前者确保数据的原始性，后者在允许的误差范围内进一步提高传输效率。这种技术在游泳运动员的实时数据采集中尤为重要，因为它能够在有限的带宽下传输更多的信息。

四是引入实时数据流监控系统。该系统能够动态监测和调整数据传输的性能，确保系统能够快速响应变化。通过实时监控，可以及时发现传输过程中的瓶颈和延迟问题，并进行相应的调整。这种动态调整能力使得系统在面对突发情况时能够保持高效运作，从而为游泳运动员提供更为精准的技术分析支持。

（三）实时采集系统的使用场景分析

实时数据采集系统在高强度训练场景中展现出显著的优势。通过该系统，教练可以实时监控运动员的生理指标和运动状态,如心率、乳酸水平和肌肉活动等。这些数据的实时反馈对于训练计划的制订和调整至关重要,能够帮助教练在训练过程中及时识别运动员的疲劳状态或潜在伤病,从而优化训练效果并降低运动损伤风险。此外,实时数据采集系统可以通过数据的历史积累,帮助教练和运动员共同分析训练效果,为长远的训练计划提供科学依据。

在比赛环境中,实时数据采集系统的应用同样不可或缺。系统能够提供运动员的即时表现反馈,帮助教练在比赛过程中做出战术调整和决策。例如,通过实时分析运动员的游泳速度和对手的表现,教练可以判断是否需要调整比赛策略以提高竞争力。这样的即时数据反馈不仅能够提升比赛成绩,还能为运动员提供心理支持,使其在比赛中更具信心和控制力。

实时数据采集系统还广泛应用于水中运动员的技术分析。通过对游泳运动员的实时数据采集,教练和运动员可以详细分析游泳姿势和效率。这种分析有助于识别游泳技术中的细微不足之处,并通过针对性的训练进行改进。运动员的划水频率、转身效率以及出发反应时间等关键技术指标都可以通过实时数据采集进行精确分析,从而促进技术水平的提升。

二、数据采集系统的延迟分析与优化

(一)延迟来源的识别与量化分析

在游泳运动员水中数据采集系统中,延迟来源的识别与量化分析至关重要。延迟可能来自多个方面,其中传感器响应时间是一个重要因素。不同类型的传感器在数据采集过程中表现出不同的响应延迟,这直接影响到能否及时捕捉运动员的动态表现。高性能传感器通常具有较短的响应时间,但其成本和复杂性也相应增加。为了优化数据采集系统,我们需要在成本和性能之间找到平衡点,同时确保传感器能在复杂的水中环境中保持高效的响应能力。

传感器响应时间的影响在于其直接关系到数据的实时性。游泳运动员在水中的动作变化迅速,任何延迟都可能导致关键数据的缺失或误判。因此,在选择传感器时,除了考虑其技术参数,还需结合实际应用场景进行测试,以确保其在不同条件下的稳定性和准确性。此外,传感器的安装位置和校准方法也会影响其响应时间,合理的安装和定期的校准是减少延迟的有效措施。

数据处理算法的计算延迟是另一个需要关注的因素。数据采集系统中,算法的复杂性直接影响到实时数据处理的速度。复杂算法虽然可以提供更精确的数据分析,但同时也增加了计算时间,导致系统反应速度下降。在实际应用中,我们需要根据数据处理的需求选择合适的算法,确保在保证数据准确性的同时,尽可能减少计算延迟。采用高效的编程语言和优化的算法结构是提升计算速度的有效方法。

数据传输过程中的延迟主要来自无线通信协议和网络架构。无线数据传输在游泳运动员数据采集中扮演着关键角色,但在水中环境中,信号传输的稳定性和速度常常受到挑战。识别和优化传输链路中的延迟因素,如选择合适的通信协议和优化网络架构,可以显著提升数据传输的效率。特别是在大型比赛或训练中,数据的实时传输和反馈对运动员和教练的决策具有重要意义。

(二)延迟优化的技术路径与方法

在游泳运动员的水中数据采集中,延迟优化的技术路径与方法涉及多个方面,其中优化传感器选择与配置是重要的环节。选择响应速度更快的传感器能够确保运动员动态表现的及时捕捉。这需要对传感器的技术指标进行仔细分析,包括其响应时间、精度和稳定性等。同时,合理配置传感器的位置和数量,以最大化数据捕捉的覆盖范围和精确度。通过对不同类型传感器的组合使用,可以提升系统整体的响应速度和数据质量。

改进数据处理算法是延迟优化的另一个重要方面。采用高效的并行处理技术可以显著减少计算延迟,提高实时数据处理能力。并行处理技术允许多个数据处理任务同时进行,从而加快数据分析的速度。这需要对现有算法进行优化,确保它们能够在多核处理器或分布式计算环境中高效运行。此外,开发新的算法以适应实时数据分析的需求,也是提升系统性能的关键。通过不断的算法创新,可以在保证数据处理精度的同时,进一步缩短处理时间。

数据传输优化策略的实施也是延迟优化的重要组成部分。利用低延迟的无线通信协议,确保数据在采集与处理过程中的快速流动,是提升系统实时性的重要手段。选择合适的通信协议,如 Wi-Fi 6 或 5G,可以提供更高的带宽和更低的延迟,满足实时数据传输的需求。同时,优化网络架构,减少数据传输路径中的瓶颈,也是必要的措施。通过这些手段,可以确保数据从传感器到处理单元的传输过程快速而稳定。

三、数据准确性的影响因素与控制方法

(一)准确性影响因素的分类与评估

在游泳运动员水中数据采集过程中,影响数据准确性的因素可以从多个方面进行分类与评估。传感器的精度直接关系到数据采集的准确性。选择高精度的传感器是减少测量误差的基础。传感器精度的提升不仅能够提高数据的可靠性,还能为后续的数据分析提供坚实的基础。在实际应用中,传感器的选择需要综合考虑其测量范围、灵敏度以及响应速度等多方面的性能指标,以确保其在复杂的水下环境中仍能保持高效的工作状态。

环境因素是影响数据准确性的另一重要方面。水流的速度变化、温度的波动以及湿度的变化都会对传感器的性能产生影响,从而影响数据的可靠性。在游泳池内,水流的扰动可能导致传感器读数的不稳定,而温度和湿度的变化则可能影响传感器的灵敏度和响应时间。为了减小这些环境因素的影响,需要对传感器进行适当的校准,并在数据采集过程中实时监控环境参数的变化,以便及时进行调整和补偿。

信号噪声对数据质量的干扰也是不容忽视的问题。在水中数据采集中,外部噪声和设备本身的噪声都会对信号产生干扰,从而影响数据的准确性。为了提高数据质量,必须采用有效的噪声过滤技术。这些技术包括硬件上的滤波器设计以及软件上的信号处理算法。通过对信号进行预处理,可以有效地降低噪声对数据的干扰,提高数据的信噪比,从而确保数据的准确性和可靠性。

在数据采集系统中,数据处理算法的选择与优化是保证数据准确性的关键环节。算法的复杂性和适应性直接影响数据处理的准确性。针对不同类型的数据特性,选择合适的算法进行处理是提高数据准确性的有效途径。优化算法的计算效率和精度,不仅可以提高数据处理的速度,还能确保数据分析结果的准确性。通过不断的算法优化和改进,可以有效地提升数据处理的整体性能。

(二)数据质量控制的方法

在游泳运动员水中数据采集过程中,数据质量控制的技术与方法是确保数据准确性的重要环节。数据质量的高低直接影响到后续技术分析的有效性,因此,

采用先进的技术手段来控制数据质量至关重要。首先,应对数据采集过程中可能出现的误差进行识别和纠正,通过精密的校准技术和严格的采集流程,尽可能减少系统误差和随机误差的发生。其次,利用数据冗余和多源数据融合技术,可以有效提高数据的准确性和可靠性。这些技术方法的结合应用,能够为游泳运动员的技术分析提供坚实的数据基础。

高精度传感器的选择与配置是数据质量控制中的关键步骤。传感器的性能直接决定了数据采集的精度和稳定性。在选择传感器时,应综合考虑其灵敏度、线性度、响应时间和环境适应性等因素,以保证其在复杂的水下环境中仍能稳定工作。此外,合理的传感器配置也至关重要,通过优化传感器的布置位置和数量,可以有效提升数据的覆盖范围和精确度。先进的传感器技术,如微机电系统(Micro Electro Mechanical System,MEMS)传感器,因其小型化和高精度的特点,已广泛应用于游泳运动员的数据采集中。

环境监控与补偿技术的应用在数据采集中起到重要的支持作用。水下环境的复杂性和多变性对数据采集提出了严峻挑战。为了减小环境因素对数据准确性的影响,需对水温、水流速度、压力等环境参数进行实时监控,并通过补偿算法对采集到的数据进行修正。这种动态的环境监控与补偿策略,能够有效降低环境扰动对数据采集的干扰,从而提高数据的准确性和稳定性。

有效的噪声过滤算法的实施是提升数据质量的另一重要手段。水下噪声是影响数据采集准确性的主要干扰因素之一。为了提高数据的信噪比,需要采用先进的噪声过滤算法,如卡尔曼滤波、小波变换等方法,对采集信号进行处理。这些算法能够在保留有效信号的同时,最大限度地减少噪声干扰,从而提高数据的清晰度和可靠性,为后续的数据分析提供更为精确的基础。

四、实时性与准确性的平衡策略

(一)实时性与准确性的矛盾分析

实时性要求系统能够以高频率进行数据采集,以便捕捉运动员在水中的快速动态。然而,这种高频率的数据采集可能导致数据处理的复杂性增加,从而影响数据的准确性。数据处理的复杂性主要体现在需要快速处理大量数据,而这往往要求在有限的时间内完成多项计算任务。为了实现低延迟的数据传输,系统可能需要在数据采集过程中牺牲部分数据的完整性和细节,这种取舍可能导致分析结果的准确性下降。

在数据处理过程中,为了满足实时性的需求,算法的设计可能无法进行充分的优化。这种情况下,算法可能在处理过程中忽略某些数据特征,导致最终融合结果的精度受到影响。此外,高实时性要求可能促使系统采用简单的噪声过滤技术。然而,在复杂的噪声环境下,这些简单的技术可能无法有效提升数据质量。噪声的存在会干扰真实信号的捕捉,降低数据的可靠性和准确性。

(二)平衡策略的设计与实施路径

在游泳运动员水中数据采集系统中,实现实时性与准确性之间的平衡是一个复杂的挑战。为此,设计与实施路径的核心在于建立一个多层次的数据处理架构。该架构需具备动态调整处理优先级的能力,以适应不同的需求场景。通过这种方式,系统能够在各种情况下灵活地分配资源,确保数据的实时性和准确性得到有效保障。此架构的关键在于能够根据具体需求灵活调整,从而在不同的训练和比赛环境下提供最佳的性能表现。

引入自适应算法是实现这一平衡策略的另一重要步骤。自适应算法能够根据实时数据的特性,动态调整数据采集的频率和处理深度。这种灵活性使得系统能够在不同的训练场景中,始终保持高效的数据处理能力。通过分析实时数据的变化趋势,自适应算法能够智能预测并调整系统参数,从而在保证数据准确性的同时,不牺牲实时性。这不仅提高了系统的整体效率,也为运动员和教练提供了更加精准的分析工具。

为了确保在高实时性需求下,关键数据依然能够得到有效校正与验证,实施分级数据验证机制是必要的。该机制通过对数据进行分层次的验证,确保在快速响应的同时,不忽略数据的准确性。通过这种方式,系统能够在处理大量数据时,依然保持高水平的准确性和可靠性。这种机制的设计需要考虑到数据验证的速度和精度,以便在不影响实时性的前提下,提供准确的数据支持。

优化数据传输链路是实现实时性与准确性平衡的另一个关键策略。采用低延迟的通信协议和高效的压缩算法,能够显著提升数据在传输过程中的完整性和及时性。通过减少数据传输的延迟和丢包率,系统能够更快地响应外部变化,并提供实时的数据反馈。这种优化不仅提高了系统的传输效率,也为后续的数据分析提供了可靠的基础。

第三节 数据采集系统在训练中的应用模式

一、数据采集系统与训练计划的结合方式

(一)数据采集在训练计划制订中的作用

数据采集系统在现代游泳训练中扮演着至关重要的角色。通过精确的生理指标监测,数据采集为训练计划的制订提供了科学的量化依据。实时监测技术使教练能够获取运动员的心率、乳酸水平、氧饱和度等关键数据,进而为每位运动员量身定制个性化的训练方案。这种数据驱动的方法确保了训练的科学性和针对性,使得运动员能够在安全的基础上逐步提高竞技水平。

通过对采集数据的深入分析,教练可以识别出运动员的强项与弱项。这种分析不仅帮助教练在训练计划中合理分配时间和资源,还能调整训练重点,确保每个训练单元的效果最大化。例如,若数据表明某运动员在耐力方面存在不足,教练可以增加有氧训练的比例,反之,若速度是短板,则会强化冲刺训练。这样的针对性调整不仅提高了训练的效率,也为运动员的全面发展奠定了基础。

数据采集系统还提供了实时反馈机制,使教练能够在训练过程中及时修正策略。这种反馈机制通过对运动员的即时表现进行评估,帮助教练在训练中做出动态调整。例如,当运动员的表现未达到预期时,教练可以根据数据调整训练强度或改变训练方法,确保训练的有效性。这种灵活的调整能力是传统训练方法无法比拟的,极大地提升了训练的科学性和精准度。

(二)数据支持下的训练计划动态调整

在现代游泳训练中,数据采集系统扮演着至关重要的角色,其提供的实时数据分析能力使教练能够根据运动员的即时表现进行训练计划的动态调整。这种调整不仅体现在训练负荷的及时调整上,还确保运动员始终处于最佳状态进行训练。通过对实时数据的分析,教练可以精确地把握每位运动员的疲劳程度和恢复情况,从而科学地安排训练的强度和间歇时间。这种数据驱动的动态调整方法,有助于提高训练效率,降低运动损伤的风险,并使运动员的状态保持在一个理想的水平。

数据采集系统提供的反馈信息是教练识别训练中技术问题的有力工具。通过系统记录的详细数据,教练可以发现运动员在技术动作上的细微不足,并制订针对性的改进方案。这种基于数据的技术分析不仅提高了技术训练的针对性,还加速了运动员技术水平的提升。对于游泳运动员来说,技术细节的优化是提高比赛成绩的关键因素之一,因此,数据采集系统在技术改进中的应用为运动员的全面发展提供了坚实的支持。

运动员的生理数据变化是动态调整训练计划的重要依据。通过对心率、乳酸浓度、氧饱和度等生理指标的监测,教练能够更准确地了解运动员的身体状态。这些数据帮助教练在训练计划中合理安排训练强度与恢复时间,确保运动员在训练中既能达到高强度的训练效果,又能获得充分的恢复。这样的科学安排不仅能提高训练效率,还能有效防止过度训练导致的疲劳和伤病。

二、实时数据反馈对训练效果的提升作用

实时数据反馈的技术实现依赖高性能传感器,这些传感器能够精确监测运动员在水中的各种生理和运动状态,包括心率、速度和姿势等重要指标。这些传感器通常安装在运动员的身体或游泳装备上,能够在不影响运动员正常训练的情况下,提供持续的数据采集能力。通过这些实时数据的获取,教练和运动员可以更全面地了解运动员的身体状态和运动表现,为训练的科学化、精细化提供了坚实的基础。国内外的研究表明,实时数据反馈在游泳训练中的应用,已经成为提升运动员竞技水平的重要手段。

实时反馈系统通过先进的数据传输技术,如蓝牙或 Wi-Fi,实现数据的快速传输。这种技术确保了数据能够在极短的时间内从传感器传输到教练和运动员的终端设备上,通常是智能手机、平板电脑或专用的分析平台。这样,教练和运动员能够在训练过程中及时获得详细的数据分析结果。这种实时性使得教练可以根据运动员的即时表现做出快速的判断和决策,调整训练策略,进而提升训练效率和效果。历史背景显示,传统的训练方法往往依赖于教练的经验,而实时数据反馈则为训练提供了科学依据。

实时数据反馈系统通过可视化界面展示运动员的表现,使得教练可以直观地理解训练效果。可视化界面通常包括图表、曲线和动态图像等,能够清晰地展示运动员的各项指标变化趋势和当前状态。通过这些信息,教练可以迅速识别运动员技术动作中的不足,并及时给予指导和纠正。运动员也能够通过这些直观的数据对比,了解自身的优劣势,激发自我改进的动力。国内外差异的研究表明,成熟

的可视化技术在提升训练科学性方面具有显著作用。

实时反馈在训练过程中,能够帮助运动员及时调整技术动作,优化游泳姿势,从而提高训练效果与效率。这种即时的反馈机制,使得运动员可以在每一次训练中都获得针对性的指导,避免错误动作的积累和固化。通过实时反馈,运动员能够在教练的指导下进行细节上的调整,逐步形成更为科学和高效的游泳技术。历史演进的研究显示,实时反馈技术的应用,使得现代游泳训练更加注重细节和个性化,提升了运动员的整体竞技水平。

三、数据采集系统在个性化训练中的应用

(一)个性化训练的数据支持与分析方法

个性化训练在现代竞技体育中扮演着至关重要的角色。通过先进的数据采集系统,教练和运动员能够获得详尽的生理指标信息,如心率、呼吸频率和乳酸水平。这些数据为运动员的训练提供了科学依据,使教练能够根据个体的身体反应来调整训练强度,确保每次训练都能达到最佳效果。例如,心率和乳酸水平的监测可以帮助识别运动员在不同强度下的耐力极限,从而避免过度训练带来的风险。此外,呼吸频率的变化也能反映出运动员在水中不同阶段的疲劳程度,为训练方案的优化提供了重要参考。

实时数据分析是个性化训练的核心,通过对运动员在训练中的表现数据进行即时处理,教练能够快速识别出运动员的技术优缺点。这种分析不仅限于简单的成绩统计,还包括运动员在游泳过程中姿势、速度、转身效率等多个技术细节的评估。通过数据的深度挖掘,教练可以制订针对性的技术改进方案,帮助运动员在短时间内提升竞技水平。个性化的技术指导,结合科学的数据分析,使得训练更加有的放矢,确保每一位运动员都能在其擅长的领域发挥最大潜力。

数据可视化技术的应用,使得运动员能够直观地理解自身表现。通过将游泳姿势和效率数据以图形化的方式呈现,运动员可以清晰地看到自己的动作轨迹和效率变化。这种可视化的反馈机制,不仅提高了运动员的自我认知能力,还增强了他们在训练过程中的参与感和积极性。运动员可以通过对比理想动作与自身表现的差异,进行自我调整和优化,从而在训练中形成良好的技术习惯。数据可视化为运动员提供了一种全新的自我评估工具,促进了运动员自我训练能力的提升。

(二)数据驱动的个性化训练方案设计

在现代游泳训练中,数据驱动的个性化训练方案设计已成为提升运动员表现的重要手段。通过采集运动员的生理数据,教练可以对每位运动员的心率、乳酸水平、氧饱和度等关键指标进行分析。这些数据不仅帮助识别运动员在不同训练阶段的身体反应,还能根据个体差异制订不同的训练强度和内容。个性化训练方案应充分考虑到运动员的生理特征,以便在训练中最大化地激发其潜能,并有效避免过度训练带来的伤害风险。

技术动作数据的采集与分析是个性化训练方案设计中的另一个关键环节。通过高精度的动作捕捉系统,可以识别出运动员在游泳姿势和效率上的不足之处。比如,某些运动员可能在划水过程中存在手臂角度不佳的问题,这会直接影响其游泳速度和耐力表现。针对这些问题,教练可以设计专门的技术改进训练,帮助运动员在短时间内提升技术水平。通过持续的数据反馈,运动员能够清晰地了解自己的技术进步,从而增强自信心和训练动力。

数据可视化技术在个性化训练方案中扮演着重要角色。通过将训练效果以直观的图形呈现,运动员可以更清晰地理解自身表现。这种可视化的方式不仅帮助运动员进行自我调整,还能提高他们对训练的参与感和责任感。教练也可以利用这些可视化数据,与运动员进行更有效的沟通,确保训练计划的实施达到预期效果。

四、系统在团队训练中的协同与共享机制

(一)团队训练中的数据协同采集与共享

在团队训练中,数据协同采集与共享是提升训练效率和效果的关键。数据采集系统需要实现多传感器的协同工作,以确保不同运动员的数据能够实时同步和整合。通过在训练过程中使用多个传感器,可以捕捉到运动员的多维度表现,例如速度、心率、动作轨迹等。这种协同工作不仅能提供更全面的运动表现数据,还能帮助教练在训练中根据实时数据进行科学决策。此外,传感器之间的协调性和数据的同步性是确保数据准确性和可靠性的基础。

为了促进团队训练的整体效益,数据共享平台的建立显得尤为重要。通过这样的平台,教练与运动员之间的沟通变得更加顺畅,训练计划可以基于团队整体

表现进行动态调整。这种动态调整机制允许教练根据实时反馈来优化训练负荷和内容,从而提升训练效果。数据共享平台还可以作为团队内部交流的桥梁,帮助运动员相互了解彼此的训练状态和进展,增强团队凝聚力和协作精神。

统一的数据格式与标准对于实现信息的透明化与共享至关重要。在团队训练中,成员能够更方便地访问和分析各自的训练数据,这种便利性有助于运动员对自身训练情况的全面了解。通过统一的数据标准,信息传递的效率和准确性得到了保证,减少了因格式不统一而导致的数据处理障碍。同时,透明化的数据共享机制也为团队成员提供了一个公平和开放的环境,鼓励运动员积极参与到数据分析和训练反馈中。

在数据协同采集过程中,考虑不同运动员的个体差异是提升团队整体训练效果的关键。每位运动员的体能、技术水平和训练目标各不相同,因此数据分析与反馈需要具有针对性。通过个性化的数据分析,教练可以为每位运动员提供量身定制的训练建议,从而提高个人表现并促进团队整体进步。这样的个性化反馈机制不仅能提升运动员的训练积极性,还能帮助教练更精准地识别和解决团队中的技术问题。

(二)数据共享机制的设计与实施路径

数据共享机制的设计与实施路径在现代游泳训练中扮演着至关重要的角色。为了实现高效的数据共享,首先需要建立统一的数据标准与格式。这一标准化过程不仅有助于不同设备和传感器之间的数据兼容性和整合,还能为后续的数据分析奠定坚实的基础。通过统一的数据标准,教练和科研人员能够更方便地对来自各种设备的数据进行整合和分析,进而提高训练方案的精准性和有效性。

在数据共享机制中,开发基于云平台的数据共享系统显得尤为重要。云平台的应用可以确保团队成员实时访问和分析训练数据,极大地提高了信息的透明度。通过云平台,训练数据可以随时随地被调用和分析,这种实时性不仅提高了数据的利用率,还能帮助教练和运动员及时调整训练计划,以应对瞬息万变的训练需求。此外,云平台的数据共享还为跨团队的合作提供了便利条件,促进了资源的最大化利用。

为了保障数据的安全性,设计数据访问权限管理机制是必不可少的。通过权限管理机制,教练、运动员和科研人员能够根据其角色获取相应的数据,从而有效保护敏感信息。权限管理不仅能防止数据的滥用,还能确保数据的准确性和完整性。不同角色的人员在使用数据时,能够根据自身的需求和权限进行分析和决策,这种精细化的管理方式有助于提升整个团队的数据安全意识。

实施定期的数据共享培训是促进数据驱动决策的关键措施之一。通过培训,团队成员可以提高对数据分析工具和共享平台的使用能力。培训内容不仅包括技术层面的操作技巧,还涵盖数据分析的基本理念和方法。通过持续的学习和实践,团队成员能够更加熟练地运用数据进行科学决策,进而提高训练的整体水平和效果。

(三)协同与共享机制对团队训练效果的提升作用

协同与共享机制在团队训练中起到关键作用,能够显著提升训练效果。数据共享机制的应用,使得团队成员之间的沟通与协作更加顺畅。教练可以及时获取运动员的表现数据,快速调整训练策略,以应对运动员状态的变化。这种机制不仅提高了教练员的决策效率,还增强了团队的整体协调性,确保了每个训练环节的高效进行。通过这种方式,团队训练的效果得到了显著提升,运动员的整体表现也随之提高。

协同数据采集使得团队能够对每位运动员进行全面监控,这对识别团队内部的技术差异和训练需求至关重要。教练可以利用这些数据,制订个性化的训练方案,以满足不同运动员的需求。这种全面的监控和分析,帮助教练更好地理解每位运动员的长处与短板,从而提升整体训练效果。通过数据的深度分析,团队能够在训练中实现更高的效率和更好的成果。

数据共享平台的建立,促进了运动员之间的相互学习。运动员可以通过分析彼此的数据,借鉴优秀的技术和训练方法。这种互相学习的机制,不仅提升了个人的表现,也增强了团队的整体竞争力。运动员通过对优秀案例的分析,能够更好地理解和应用先进的训练技术,提升自身的技能水平。这种学习与分享的文化,推动了团队共同进步。

协同与共享机制还实现了训练数据的集中管理,提高了数据利用效率。教练可以基于集中管理的数据,制订科学合理的团队训练计划。这种数据驱动的训练计划,增强了训练的针对性,确保了每个训练环节的有效性。集中管理的数据不仅便于分析和利用,也为长远的训练规划奠定了坚实的基础,帮助团队在激烈的竞争中取得优势。

第五章　游泳运动员水中数据分析模型构建

第一节　数据预处理与特征提取方法

一、数据清洗与异常值处理技术

(一)数据清洗的流程与方法

数据清洗主要流程包括数据收集、数据整理和数据验证。在数据收集阶段，确保从各种传感器和测量设备中获取准确的水中运动数据至关重要。数据整理则涉及将收集到的数据进行结构化处理，使其适合后续分析。数据验证是对整理后的数据进行质量检查，以识别并纠正潜在的错误。通过这些步骤，能够有效提高数据的完整性和可靠性，为后续的分析奠定坚实的基础。

在数据清洗过程中，异常值的识别是一个重要环节。统计方法如箱线图、Z分数和标准差分析常用于检测明显偏离正常范围的异常值。此外，机器学习技术，如孤立森林和支持向量机，也被广泛应用于异常值检测，尤其是在处理复杂和高维数据集时。这些技术能够自动识别和标记异常数据点，从而减少人为干预的需求，提高检测的准确性和效率。

缺失数据处理是数据清洗中的另一个挑战。常用的方法包括插值法、均值填充和删除法。插值法通过估算缺失数据点的值来填补空缺，而均值填充则使用数据集的平均值来替代缺失值。删除法则是在缺失数据比例较低时，直接删除含有缺失值的记录。选择合适的方法取决于数据集的特性和研究的具体需求，以确保分析结果的可靠性。

数据一致性检查是确保数据格式和单位统一性的关键步骤。游泳运动员的水中数据往往来自不同的设备和传感器，因此，格式和单位的一致性检查尤为重要。通过统一数据格式和单位，可以减少数据转换过程中的误差，确保不同数据源之间的可比性，从而提高数据分析的准确性。

(二)异常值检测的算法与实现

基于统计的方法，如 Z-score(Z分数)和 IQR(interquartile range,四分位距)

法,是识别和处理异常值的基础工具。Z-score通过计算数据点与平均值的标准差距离来识别异常,而IQR方法则利用数据的中位数和四分位数来确定异常值。统计方法的优势在于其简单性和直观性,适用于低维数据集。然而,在处理高维数据时,这些方法可能无法有效捕捉复杂的异常模式。

为解决高维数据中的异常值检测问题,机器学习算法提供了更为先进的解决方案。孤立森林(Isolation Forest)和局部离群因子(Local Outlier Factor,LOF)是两种常用的算法。孤立森林通过构建多棵随机树来隔离数据点,识别出那些更容易被孤立的异常点。相比之下,LOF算法通过比较数据点与其邻居的密度来评估异常程度。这些算法能够处理复杂的非线性关系,并在高维空间中表现出色,但其计算复杂度较高,需在实际应用中权衡效率与精度。

时间序列分析方法在异常值检测中也具有重要应用,尤其是在分析游泳运动员的表现波动时。通过计算移动平均和标准差,可以识别出时间序列中的异常波动。这种方法适用于处理具有时间依赖性的连续数据,帮助识别出游泳运动员训练或比赛过程中出现的异常表现。然而,时间序列方法需要考虑数据的平稳性和周期性特征,以避免误判。

为了更直观地识别数据中的异常值分布,可视化技术如箱线图和散点图被广泛应用。箱线图通过显示数据的四分位数和异常值,提供了数据分布的概览,而散点图则可以展示数据点的具体位置和异常值的偏离程度。这些可视化工具不仅帮助数据分析师快速识别异常值,还为后续的决策提供了直观的依据。

(三)异常值处理的策略与效果评估

异常值处理在数据分析中扮演着至关重要的角色,尤其是在游泳运动员水中数据的采集与分析过程中。异常值处理策略的选择通常依据数据特性、异常值的性质以及后续分析需求。对于游泳运动员的数据,这些特性可能包括传感器数据的精度、测量环境的稳定性以及运动员的生理特征等。根据这些特性,研究人员能够更好地选择适合的处理策略,从而确保分析结果的准确性和可靠性。

常用的异常值处理方法包括替换法、删除法和修正法,各自适用于不同的场景。替换法适用于当异常值比例较低且可以通过合理推断获得替代值的情况;删除法则适用于异常值比例较高且无法有效替代的情况;修正法通常用于异常值对分析结果影响较大但可以通过校正获得更准确数据的场景。在游泳运动员数据中,例如,传感器偶尔的读数错误可以通过替换法进行处理,而系统性偏差则可能需要复杂的修正法来校正。

针对不同类型的异常值,如随机错误和系统性偏差,研究人员需要制定相应的处理策略。随机错误通常是由偶然因素引起的,可能在数据采集过程中无规律地出现;而系统性偏差则是由某种特定因素持续影响所致。在游泳运动员数据分析中,识别这些异常值的类型有助于提高数据质量,更好地支持后续的模型构建和分析。

评估异常值处理效果的方法多种多样,常见的包括对比分析、模型性能指标和数据分布变化等。通过对比处理前后的数据分布,可以直观地观察异常值处理的效果;而通过分析模型性能指标,如准确率、精确率等,可以量化处理效果对模型的影响。这些方法为研究人员提供了评估处理策略有效性的多维度视角。

二、数据标准化与归一化方法

(一)标准化与归一化的理论基础

在游泳运动员水中数据分析中,标准化与归一化是数据预处理的关键步骤。标准化通常涉及将数据转换为均值为零、方差为一的形式,这一过程有助于消除不同量纲的数据间的尺度差异,从而提高模型的稳定性和准确性。归一化则是将数据缩放到特定的区间,如[0,1]或[1,1],这对于处理数据范围差异较大的情况尤为重要。无论是标准化还是归一化,其理论基础都在于通过调整数据的分布来增强模型的学习能力,从而提高分析的精度和效率。

标准化在数据分析中的重要性主要体现在其能够有效地减少特征间的量纲差异,尤其是在涉及距离计算的算法中,如K均值聚类和支持向量机。通过标准化,数据的尺度被统一,这使得算法能够更为准确地衡量特征间的相似性。此外,标准化还可以提高梯度下降算法的收敛速度,因为它避免了某些特征由于尺度过大而主导损失函数的情况。标准化的实施通常依赖于数据的均值和标准差,通过简单的线性变换即可实现。

归一化对数据分布的影响主要表现在其能够将数据压缩到一个统一的范围内,这对于神经网络等对输入范围敏感的模型尤为重要。归一化可以使得模型更容易进行参数的初始化和优化,从而提高训练的效率和效果。不同于标准化,归一化通常使用数据的最大值和最小值来进行线性缩放,这在处理非正态分布的数据时表现出色。归一化的应用场景包括图像处理和深度学习模型的输入预处理等。

标准化与归一化的适用场景及选择原则通常取决于具体的分析需求和数据

特征。当数据的分布接近正态时,标准化是较为理想的选择;而当数据的范围差异较大或分布不均匀时,归一化可能更为适合。此外,选择标准化还是归一化也与所使用的算法有关,某些算法对数据的尺度变化较为敏感,这时选择合适的预处理方法至关重要。

标准化与归一化对模型性能的影响分析表明,恰当的数据预处理能够显著提升模型的表现。通过标准化和归一化,数据的特征能够更好地被模型捕捉,从而提高预测的准确性和鲁棒性。此外,这些方法还能够减少模型的过拟合风险,因为它们帮助模型更有效地利用训练数据。研究表明,经过标准化和归一化处理的数据通常能够使模型在不同的数据集上表现出更好的泛化能力。

(二)常用标准化与归一化算法

在对游泳运动员水中数据分析中,常用的标准化与归一化算法为数据预处理提供了重要的基础。这些算法通过调整数据的尺度,使得不同特征的数据能够在同一分析框架内进行比较和处理。Z-score标准化算法是其中一种常用的方法,它通过计算每个数据点与均值的偏差程度,并以标准差为单位进行转换,确保数据的均值为0,标准差为1。这种方法在处理具有不同量纲的特征时尤其有效,因为它能够消除量纲的影响,使得数据更具可比性。此外,Z-score标准化算法还能有效地处理异常值,因为其转换机制能够将异常值的影响最小化,从而提高模型的鲁棒性。

MinMax归一化算法则是一种将数据线性转换到指定区间(通常是[0,1])的常用方法。该算法通过保持数据的相对关系,适用于需要保留原始数据分布的场景。这在游泳运动员的速度、时间和距离等数据的分析中尤为重要,因为这些数据的相对变化往往比绝对值更能反映运动员的表现。MinMax归一化算法的另一个优点是其简单性和易于实现,能够快速地将数据调整到所需的尺度范围内,使得后续的分析和建模更加高效。

最大绝对值归一化是一种基于数据中的最大绝对值进行缩放的方法,适用于稀疏数据集。游泳运动员的数据集中常常包含稀疏特征,例如特定动作的频率或某些技术指标的取值。通过最大绝对值归一化,这些稀疏特征能够保持其原始的稀疏性,避免因缩放而导致的信息丢失。这种方法在处理大规模数据集时表现出色,能够在不影响数据结构的前提下,提供稳定的归一化效果。

小数定标归一化则通过移动小数点的位置来缩放数据,适用于需要将数据调整到特定范围内的情况。在游泳运动员的技术分析中,某些指标可能需要精确的范围控制,以便与其他数据进行合理比较。小数定标归一化通过简单的算术操作实现了数据的快速调整,特别适合那些对范围有严格要求的应用场景。

(三)标准化与归一化的适用场景分析

在游泳运动员的水中数据分析中,标准化与归一化方法的选择至关重要。标准化适用于具有不同量纲的数据集,尤其是在处理游泳运动员的不同生理指标时,这些指标可能包括速度、心率、氧气消耗等。由于这些指标量纲不同,直接比较可能导致误导性的结果。因此,通过标准化,可以消除量纲对模型训练的影响,确保各特征在同一水平上进行比较,从而提高分析的准确性和可靠性。这对于训练模型以预测运动员表现或优化训练方案尤为关键。

归一化则适用于需要将数据缩放到特定范围的场景,这在图像处理和神经网络训练中尤为常见。在游泳运动员的技术分析中,归一化可以帮助加快模型的收敛速度,提高模型的性能。例如,在分析游泳运动员的动作捕捉数据时,归一化可以使得数据在 0 到 1 之间变化,从而使得神经网络更快适应数据特征,提升分析效率。这种方法特别适合于深度学习模型的训练,因为它能够有效地提高算法的稳定性和精度。

在数据集中存在异常值时,使用 RobustScaler 函数进行标准化是一个有效的策略。游泳运动员的数据可能受到多种因素的影响,如环境变化、设备误差等,导致异常值的产生。RobustScaler 函数通过使用中位数和四分位距进行缩放,能够有效降低异常值对结果的影响,适合处理非正态分布数据。在分析游泳运动员的生理数据时,这种方法可以帮助识别和处理异常数据点,从而提高数据分析的准确性和模型的鲁棒性。

在聚类分析中,标准化和归一化方法的应用可以显著提高聚类算法的效果。游泳运动员的技术分析中,常需要对不同的动作模式进行聚类,以识别运动员的技术特点和潜在的改进空间。通过标准化和归一化,可以确保不同特征对距离计算的贡献均衡,从而得到更准确的聚类结果。这对于制订个性化的训练方案和提高运动员的比赛成绩具有重要意义。

三、特征提取的算法与实现路径

(一)特征提取的常用算法与工具

为了从海量数据中提炼出有价值的信息,常用的算法和工具提供了多种实现路径。主成分分析(PCA)作为一种经典的降维技术,通过提取数据中最重要的特征来减少冗余信息。这种方法不仅提高了模型训练的效率,还能有效降低计算复杂度,使得分析结果更加可靠。线性判别分析(LDA)则在分类问题中表现出色,它通过寻找最佳投影方向,帮助区分不同类别的数据。这对于游泳运动员的动作分类尤为重要,能够在特征提取阶段提升模型的准确性。

在图像数据处理领域,卷积神经网络(Convolutional Neural Network,CNN)已成为不可或缺的工具。通过多层卷积操作,CNN能够自动提取图像中的重要特征,广泛应用于游泳运动员的动作分析。其强大的特征学习能力,使得运动员的技术动作分析更加精确和高效。此外,傅里叶变换(FFT)在信号处理中的应用也不可忽视。它将时间域信号转换为频域信号,有助于分析游泳运动员的运动节奏和频率特征。通过这种方式,教练和运动员能够更好地理解和调整训练中的节奏。

自编码器(Autoencoder)作为一种无监督学习方法,在复杂数据集的处理上展现了独特的优势。它通过学习低维表示,从原始数据中提取出关键特征。这种方法特别适合于处理游泳运动员的多维度数据集,能够在保留重要信息的同时,减少数据的复杂性和冗余性。综上所述,这些特征提取算法和工具的结合应用,极大地提高了游泳运动员水中数据分析的效率和准确性,为运动员的训练和比赛提供了科学的指导依据。

(二)特征提取的实现路径与优化

实现路径的优化不仅能提升模型的准确性,还能提高其解释性。在特征提取过程中,数据预处理是关键的第一步。通过去噪声、平滑处理和信号增强等步骤,可以有效提高特征提取的有效性。去噪声技术可以过滤掉不必要的干扰信号,确保数据的纯净性;平滑处理则通过降低数据的波动性,使得特征提取更为稳定;信号增强则通过突出关键信号,进一步提高特征的可识别性。这些步骤的有机结合,能够为后续的特征提取奠定坚实的基础。

结合领域知识进行特征选择是确保特征提取与游泳运动员表现相关的重要策略。通过对游泳运动的深入理解,研究人员可以识别出哪些特征是与运动表现直接相关的,从而提升模型的解释性和准确性。这不仅要求对游泳运动的技术动作有深刻的理解,还需要结合数据分析的专业知识,将复杂的生理和运动学特征转化为可量化的数据指标。通过这种方式,模型不仅能够解释游泳运动员的表现,还能为训练和比赛提供科学依据。

为了确保特征提取的效果,交叉验证方法被广泛应用。交叉验证通过在不同的训练集上评估特征提取的表现,能够有效避免模型的过拟合问题。通过这种方法,研究人员可以验证所提取特征在不同数据集上的一致性和稳定性,从而确保模型的鲁棒性。交叉验证不仅是对特征提取效果的检验,更是一种优化模型性能的重要手段,为特征选择和模型构建提供了可靠的依据。

优化特征提取算法的超参数是提升模型性能的另一个重要环节。通过网格搜索或随机搜索等方法,研究人员可以系统地探索不同参数组合对模型性能的影响。网格搜索通过穷举所有可能的参数组合,确保找到全局最优解;而随机搜索则通过随机抽样,快速找到接近最优的参数组合。这些方法的结合使用,能够帮助研究人员在复杂的参数空间中找到最佳的超参数设置,从而提升模型的整体性能。

(三)特征提取结果的评估与应用

特征提取结果的评估与应用在游泳运动员的训练和比赛中扮演着关键角色。通过评估特征提取结果的准确性,可以确保数据分析模型的预测能力。具体而言,评估过程通常通过比较提取的特征与运动员实际表现之间的相关性来进行。这种相关性分析不仅能够验证特征提取的有效性,还能为模型的进一步优化提供重要的反馈信息。高相关性意味着所提取的特征能够有效地反映运动员的实际表现,从而为教练和运动员提供更具价值的参考数据。

在特征提取结果的应用中,可视化工具的使用显得尤为重要。这些工具能够将复杂的数据分析结果转化为直观的图形和图表,使教练和运动员能够更容易地理解数据的意义与价值。通过可视化展示,教练可以迅速掌握运动员的技术特点和训练状态,而运动员则可以更清晰地看到自身的优势与不足。这种直观的理解有助于提高训练效率,促使运动员在训练中进行更有针对性的调整。

特征提取结果的另一个重要应用领域是训练计划的制订。基于数据分析的结果,教练可以优化游泳运动员的训练策略与重点。这种数据驱动的训练计划能够帮助教练识别出运动员在不同阶段的训练需求,并据此调整训练负荷和内容。这不仅能够提高训练的科学性和针对性,还能有效预防运动损伤,提高运动员的整体表现。

在比赛表现预测中,特征提取结果同样发挥着重要作用。通过分析历史数据中的特征,可以对运动员在不同比赛条件下的表现进行预测。这样的预测不仅能够帮助教练制定更为合理的比赛策略,还能为运动员提供心理上的准备。这种基于数据的预测方法提高了比赛策略的科学性,帮助运动员在比赛中发挥出最佳水平。

四、关键运动学与动力学特征的识别

(一)运动学与动力学特征的定义与分类

运动学特征主要包括速度、加速度和位移等指标,这些参数能够直观地反映出运动员在水中的运动状态与表现。通过对这些特征的分析,教练可以更好地理解运动员的技术动作,并评估其在比赛中的表现潜力。例如,速度与加速度的变化可以揭示运动员在不同阶段的体能分配策略,而位移则可以帮助评估运动员的游泳路线是否最为高效。

动力学特征着重于分析运动员在游泳过程中所受到的各种力,包括浮力、阻力和推力等。这些特征是评估运动员技术效率的重要指标。浮力的大小和分布影响运动员的身体姿态,而阻力则直接关系到运动员的能量消耗和速度表现。推力则是运动员通过技术动作获得的前进动力,衡量运动员技术动作的有效性。通过对动力学特征的分析,可以帮助运动员优化动作,以提高在水中的推进效率。

运动学特征的分析通常通过划水频率和划水幅度等参数进行。这些特征不仅影响运动员的速度和耐力,还直接关系到技术动作的流畅性与协调性。划水频率是指单位时间内运动员划水的次数,而划水幅度则是每次划水所覆盖的距离。通过对这些参数的分析,教练可以为运动员制订更为科学的训练计划,以提高其技术动作的精确性和一致性。

动力学特征的测量通常依赖于力传感器和水动力学模型。这些工具可以精确地量化运动员在水中表现出的力量和能量消耗。力传感器安装在运动员的训练设备上,可以实时记录运动员施加的力,而水动力学模型则通过模拟水流对运动员的影响,帮助分析其在水中的表现。通过对这些数据的综合分析,教练可以识别出运动员技术动作中的不足之处,并提供具体的改进建议。

运动学与动力学特征的综合分析能够为教练提供改进训练方案的依据。这种分析不仅能够帮助运动员优化技术动作,提高竞技水平,还能够通过科学的数据支持,为运动员的长期发展提供战略指导。通过对运动员技术动作的细致分析,教练可以制订个性化的训练计划,从而帮助运动员在比赛中取得更好的成绩。

(二)关键特征的识别方法与技术

在游泳运动员的技术分析中,识别关键运动学和动力学特征至关重要。运动学特征的识别主要依赖高频视频分析技术。这种技术能够捕捉运动员在水中动作的细节,尤其是划水频率和划水幅度等关键数据。通过高频视频分析,研究人员可以精确地跟踪运动员的每一个动作,确保捕捉到微小的变化。这些数据对于理解运动员在水中的表现和寻找技术改进的机会至关重要。此外,视频分析还可以帮助教练和运动员识别动作中的不足之处,从而制订更有效的训练计划。

动力学特征的识别利用水流模拟和传感器数据。这些技术能够量化运动员在水中所受的浮力、阻力和推力。通过分析这些力,研究人员可以评估运动员的技术效率。水流模拟技术能够重现运动员在水中的实际环境,帮助分析他们的动作如何受到水动力学因素的影响。传感器数据则提供了精确的测量数据,帮助量化运动员的表现。这些信息不仅有助于理解运动员的当前状态,还能为未来的训练提供重要的参考。

结合机器学习算法进行特征识别是提高分析准确性的重要手段。通过利用训练数据集,机器学习算法可以自动识别和分类运动员的关键动作特征。这种方法不仅提高了分析的效率,还减少了人为误差。机器学习算法能够处理大量数据,识别出人类分析师可能忽略的模式和特征。因此,在游泳运动员的技术分析中,机器学习为识别和改进运动员的表现提供了强有力的支持。

生物力学模型的应用在识别影响游泳表现的关键动力学特征中同样重要。这些模型通过对运动员的体态和运动轨迹进行建模,揭示影响运动表现的潜在因素。生物力学模型能够模拟运动员的身体在水中的运动,帮助识别哪些因素对速度和效率有最大的影响。这些模型为教练和运动员提供了一个深入了解运动表现的工具,有助于优化训练和比赛策略。

(三)关键特征在数据分析中的应用

在游泳运动员的训练与比赛中,关键运动学与动力学特征的识别和应用是提升运动表现的核心步骤。通过对这些特征的深入分析,教练和运动员能够获得更具针对性的技术指导和策略建议。首先,运动员技术动作的优化是关键特征应用的一个重要方面。通过分析运动员在水中划水的运动学特征,教练可以识别出影响效率的关键动作环节。这些环节可能涉及手臂入水角度、划水路径以及转身动作等。基于这些分析结果,教练可以制订出更加个性化的训练计划,帮助运动员在技术上进行细致的调整,从而提高整体的游泳效率和速度。

在比赛策略的制定过程中,结合动力学特征的分析显得尤为重要。动力学特征能够揭示运动员在不同泳姿下的力量输出和能量消耗情况。通过对这些特征的分析，教练可以为运动员制定更为有效的比赛策略。例如，在面对不同的比赛条件和对手时，教练可以根据运动员的力量分布特点和耐力水平，调整比赛节奏和战术安排。这种基于数据的策略制定，不仅能够帮助运动员在比赛中发挥最佳水平，还能有效应对突发状况，提升比赛的稳定性和竞争力。

个性化训练反馈是关键特征分析的另一重要应用。每位运动员的身体条件和技术特点各不相同，因此，标准化的训练方案往往难以满足个体需求。通过关键特征的深入分析，教练可以为每位运动员提供个性化的技术指导，帮助他们在训练中集中改进弱项。例如，某些运动员可能在腿部打水技术上存在不足，而另一些则可能需要改进手部划水的力度和节奏。通过定制化的反馈，运动员能够更有针对性地进行训练，提高训练的有效性和效率。

运动表现预测是数据分析中的一个前瞻性应用。通过对历史数据中提取的关键特征进行分析，教练和运动员可以预测在未来比赛中的表现。这种预测不仅有助于运动员和教练提前制订训练计划，还能在比赛前进行心理准备和策略调整。例如，通过对运动员在不同比赛中的表现数据进行回顾和分析，可以识别出影响成绩的关键因素，并在未来的训练中进行针对性强化，从而提升比赛成绩的稳定性和竞争力。

五、数据预处理的自动化工具与平台

（一）自动化预处理工具的设计与开发

在游泳运动员的水中数据分析中，自动化预处理工具的设计与开发至关重要。自动化预处理工具的设计需要考虑多种功能模块的集成，包括数据清洗、异常值检测、数据标准化和特征提取等核心功能。这些模块的有效结合能够显著提升数据处理的效率，确保后续分析的准确性。数据清洗模块负责识别和删除噪声数据，异常值检测模块则用于识别和处理异常数据点，数据标准化模块确保数据的一致性，特征提取模块则为后续分析提供高质量的数据输入。这些功能模块的有效协同能够形成一个完整的高效数据处理流程，为游泳运动员的技术分析提供坚实的数据基础。

选择适当的编程语言和框架是自动化预处理工具开发的关键。Python 因其强大的数据处理能力和丰富的库支持，是开发此类工具的首选语言。此外，TensorFlow 等框架的使用可以增强工具的可扩展性和兼容性，使其能够与其他数据分析平台无缝集成。通过使用这些先进的编程工具和框架,开发者可以创建一个灵活且具有高度适应性的预处理工具,满足不同用户和数据集的需求。这种灵活性和兼容性对于工具的广泛应用和持续发展至关重要。

用户友好的界面设计是确保自动化预处理工具易用性的关键因素。通过设计直观的用户界面,教练和运动员可以轻松地上传数据、选择处理选项并查看结果。这种设计不仅降低了技术使用的门槛,还提高了用户的使用效率和满意度。界面设计应考虑用户的实际需求,提供简洁明了的操作流程和清晰的反馈信息,使用户能够专注于数据分析本身,而不被复杂的技术细节所困扰。这种以用户为中心的设计理念能够极大地提升工具的实用性和推广效果。

灵活的配置系统是自动化预处理工具的重要组成部分。通过允许用户根据特定需求调整参数设置,如异常值检测的阈值和标准化方法,工具能够适应不同的数据集和分析需求。这种灵活性使得工具可以在更多的场景中应用,满足不同用户的个性化需求。配置系统的设计应注重易用性和灵活性,提供简单明了的设置选项和详细的说明文档,帮助用户快速上手并有效利用工具的全部功能。

(二)预处理平台的架构与功能实现

预处理平台的设计应采用模块化设计理念,这种设计方法不仅提高了系统的灵活性,还便于各个功能模块的独立开发和维护。例如,数据清洗模块可以专注于处理原始数据中的噪声和错误,而异常值检测模块则可以独立地识别和处理数据中的异常点。数据标准化模块负责将不同来源的数据转换为统一格式,以便后续分析的顺利进行。模块化设计的优势在于各个模块之间的相互独立性,使得系统的更新和扩展变得更加便捷和高效。

为了提高数据处理的兼容性,平台应支持多种数据格式的导入与导出。这一特性确保用户可以灵活处理不同来源的数据,无论是水下传感器的实时数据,还是历史记录的数据文件。支持多种数据格式的能力不仅增强了平台的适应性,还为用户提供了更大的操作空间,使得数据分析的流程更加顺畅。通过这种方式,用户可以在不同的数据环境中自由切换,提升数据处理的效率和准确性。

平台实现实时数据处理能力是现代数据分析工具的核心要求之一。实时处理能力使用户能够在数据采集后立即进行预处理,从而快速获取分析结果。这种能力极大地增强了决策的及时性,特别是在需要快速反应的竞技体育领域,实时数据处理可以为教练和运动员提供即时反馈,帮助他们在最短的时间内做出调整和优化。实时处理能力的实现需要强大的计算能力和高效的算法支持,这也是平台架构设计中的重要考虑因素。

集成机器学习算法用于自动化的异常值检测和特征提取,是提升数据分析智能化水平的重要途径。通过机器学习算法,平台能够自动识别数据中的异常值,并从复杂的数据集中提取出关键特征。这种自动化处理不仅减少了人工干预的需求,还提高了数据分析的准确性和效率。机器学习算法的集成使得平台能够在海量数据中快速识别出有价值的信息,为后续的分析和决策提供坚实的基础。

第二节 运动表现预测模型的构建

一、运动表现预测的理论基础与框架

(一)运动表现预测的理论模型

运动表现预测的理论模型是建立在对运动员历史表现数据的深入分析之上的。通过对这些数据进行系统化的研究,能够识别出影响运动表现的关键因素。运动表现预测的数学模型构建是其中的重要环节,利用统计学和机器学习算法对运动员的历史表现数据进行建模,提取关键特征以预测未来的竞技状态。这一过程要求对数据进行精细的清洗和预处理,以确保模型输入的准确性和有效性。数学模型的构建不仅需要考虑运动员的生理数据,还需结合心理状态和环境因素,以便更全面地预测其未来表现。

基于多变量回归分析的方法在运动表现预测中占据重要地位。该方法通过分析多个影响因素(如训练强度、心理状态等)与运动表现之间的关系,建立综合预测模型。这种多维度的分析方法能够有效识别出各因素对运动表现的不同影响程度,从而帮助教练和运动员制订更为科学的训练计划。多变量回归分析的优势在于其能够处理多个变量之间复杂的交互作用,为运动表现的预测提供了更为全面的视角。

时间序列分析在运动表现预测中的应用同样不可忽视。通过对运动员的历史表现数据进行趋势分析,可以识别出其表现随时间的变化规律,并对未来表现

进行预测。这种分析方法尤其适用于识别周期性变化和长期趋势,从而帮助运动员和教练在制定训练和比赛策略时更加具有前瞻性。时间序列分析的结果能够为优化训练周期和调整比赛策略提供实证支持。

深度学习技术近年来在运动表现预测中的应用日益广泛。利用神经网络模型处理运动表现数据中的复杂非线性关系,能够显著提高预测的准确性和可靠性。深度学习模型的优势在于其强大的学习能力和对大规模数据的处理能力,这使得其在捕捉运动表现中的微妙变化和复杂模式方面具有独特的优势。通过深度学习技术,预测模型能够更好地适应不同运动员的个体差异。

(二)预测框架的设计与实现路径

运动表现预测模型的设计与实现路径是构建有效预测体系的核心环节。设计一个合理的预测框架需要考虑多层次的因素,包括数据收集、特征选择、模型选择与评估等。首先,在输入特征的选择上,需要综合考虑运动员的历史数据、训练强度以及心理状态等关键因素。这些因素不仅影响运动员的当前表现,还对未来的表现有重要的预测价值。通过对这些数据的深入分析,可以更准确地捕捉到运动员的状态变化,从而为模型提供可靠的输入。

在构建运动表现预测模型时,选择合适的机器学习算法是确保模型准确性和泛化能力的关键。随机森林和支持向量机等算法因其强大的处理能力和灵活性,常被用于复杂数据的分析中。这些算法能够处理多维度数据,并在复杂的非线性关系中找到规律,适合用于运动表现的预测。通过合理的算法选择和参数调优,可以提高模型的预测精度,确保其在不同场景下的适用性。

建立模型训练与测试的流程是验证模型性能的重要步骤。交叉验证技术是评估模型性能的常用方法之一,通过将数据集分成多个子集进行训练和测试,能够有效评估模型的稳定性和可靠性。交叉验证不仅可以减少模型过拟合的风险,还能为模型在不同数据集上的表现提供客观的评估标准。通过严格的测试流程,确保模型在实际应用中的有效性。

设计可视化工具可以帮助教练和运动员更直观地理解预测结果与实际表现之间的关系。通过图形化的展示方式,可以将复杂的数据和预测结果转换为易于理解的信息,便于教练和运动员进行策略调整。这种可视化工具不仅提高了数据的可读性,还为决策提供了有力支持,使得训练和比赛的安排更加科学合理。

二、机器学习算法在预测模型中的应用

(一)常用机器学习算法的选择与比较

在构建游泳运动员的运动表现预测模型时,选择合适的机器学习算法是至关重要的。常用的机器学习算法包括监督学习和非监督学习,其区别在于前者依赖于标签数据进行训练,而后者则通过数据的内在结构进行模式识别。对于游泳运动员的表现预测,监督学习更为适用,因为我们通常拥有标记的历史表现数据,可以用来训练模型。监督学习算法中,分类算法如决策树和支持向量机在处理离散输出的预测任务时表现优异,特别适合用于游泳运动员的表现分类问题。例如,决策树算法能够通过一系列二叉决策将运动员的表现分为不同的类别,如优秀、良好和一般。

回归算法则用于连续输出的预测任务,适合评估运动员的具体表现数值,例如游泳时间。线性回归是最简单的回归算法之一,通过拟合一条直线来预测连续值。然而,在处理复杂的非线性关系时,随机森林回归表现更为出色。随机森林回归通过集成多个决策树的预测结果,能够有效降低过拟合的风险,提高预测的准确性。对于游泳运动员的表现预测,回归算法可以帮助教练和运动员更好地理解训练效果,并针对性地调整训练计划。

深度学习算法在处理高维数据时具有显著优势,尤其是在分析游泳运动员的传感器数据和视频数据时。卷积神经网络(CNN)和循环神经网络(RNN)是两种常用的深度学习算法。CNN 在图像识别和视频分析中表现突出,能够捕捉到运动员在水中动作的细微变化。而 RNN 则适合处理时间序列数据,能够分析运动员在一段时间内的表现变化趋势。通过深度学习算法,研究人员可以提取出更为复杂的特征关系,从而提高预测模型的精度。

(二)算法在运动表现预测中的具体应用

在游泳运动员的运动表现预测中,机器学习算法的应用极为广泛且富有成效。随机森林算法是一种常用的集成学习方法,适用于处理高维度数据且具有较高的预测精度。在运动表现预测中,随机森林算法可以对运动员的历史表现数据进行回归分析,从而预测其在未来比赛中的游泳时间。这一过程涉及对大量历史数据的处理,通过构建多个决策树并对其预测结果进行综合,随机森林算法能够

有效地捕捉到运动员表现的复杂模式,提供更为精准的时间预测。

支持向量机(SVM)在分类问题中表现优异,尤其适用于小样本、高维度的数据情境。在游泳运动员的训练数据中,SVM 可以用于分类,识别出表现优异的运动员与表现一般的运动员之间的关键特征。通过对训练数据的分析,SVM 能够找出影响运动表现的核心因素,为教练员和运动员提供有价值的参考,以便在训练中有针对性地进行调整和优化。

卷积神经网络是一种深度学习算法,擅长处理图像和视频数据。在游泳运动员的动作分析中,CNN 可以被用来分析运动员的动作视频,提取运动特征并预测其在比赛中的表现。通过对视频帧的逐帧分析,CNN 能够捕捉到运动员动作中的细微变化,帮助识别出影响表现的关键动作特征,从而为运动员技术的改进提供科学依据。

集成学习方法通过结合多个基础模型的预测结果,能够有效提升对运动员表现的预测准确性和稳定性。在运动表现预测中,集成学习可以整合不同算法的优势,通过加权平均或投票机制,生成更为可靠的预测结果。这种方法不仅提高了模型的鲁棒性,还能有效降低单一模型可能带来的偏差风险,为运动员的表现预测提供更加全面的视角。

三、基于历史数据的模型训练与参数调整

(一)历史数据的采集与预处理

为了确保数据的全面性和准确性,采用多种采集方法是至关重要的。这些方法包括传感器记录、视频分析以及手动数据输入。传感器记录可以提供实时的运动指标,如速度、加速度和姿态变化,而视频分析则能捕捉运动员的整体动作和技术细节。手动数据输入虽然相对费时,但在特定情况下可以提供其他方法无法获得的细节信息。这些多样化的采集方法相结合,能够形成一个全面而精准的数据基础,为后续模型的训练提供可靠的支持。

数据采集过程中的时间同步技术是确保不同数据源之间一致性的关键。由于视频和传感器数据具有不同的采样频率和时序特性,时间同步技术的应用至关重要。通过精确的时间校准,可以将不同来源的数据整合为一个统一的时间轴,从而实现数据的有效整合和分析。这种一致性不仅提高了数据的利用效率,还为后续的模型训练提供了更为准确的输入,确保预测结果的可靠性。

在数据采集过程中,数据格式的标准化是必不可少的步骤。标准化的数据格式有助于在格式、单位和结构上保持一致性,从而简化后续的数据处理和分析流程。通过统一的数据格式,研究人员可以更方便地进行数据清洗、特征提取和模型训练等工作。此外,标准化的数据格式还能提高数据的可移植性,使其能够在不同的研究项目和分析工具之间顺畅转换,进一步提升数据的利用价值。

为了确保采集数据的高质量,数据验证机制的建立是必要的。通过合理的检查和验证,可以有效排除不合格的数据,确保模型训练所用数据的准确性和可靠性。常见的数据验证方法包括异常值检测、重复数据检查和完整性验证等。通过这些验证机制,可以在数据进入分析阶段之前就发现并纠正潜在的问题,从而提高数据的整体质量,进而提升模型预测的准确性。

(二)模型训练的过程与方法

在游泳运动员水中数据分析的背景下,模型训练的过程与方法是确保预测模型有效性的重要环节。模型训练的基本流程包括数据划分、特征选择和模型构建,这些步骤为模型提供了基础的数据输入和结构。数据划分通常采用训练集、验证集和测试集的方式,以确保模型能够在不同的数据集上进行有效的学习和预测。特征选择则是通过分析数据特性,提取出对预测目标最有价值的特征,从而构建更为精简和高效的模型。这一过程旨在优化模型的输入,提升其预测能力和泛化性能。

选择适当的训练算法是模型构建的关键步骤之一。在游泳运动员的数据分析中,常用的算法包括随机森林、支持向量机和深度学习模型。每种算法都有其独特的优势和适用场景,选择时需依据数据特性和预测目标进行综合考量。随机森林适用于处理高维数据和非线性关系,支持向量机则在小样本和高维特征下表现出色,而深度学习模型在处理复杂的非结构化数据时具有显著优势。通过对比不同算法的性能,选择最适合的模型进行训练。

在模型训练过程中,参数调优是提升模型性能的重要手段。通过交叉验证和超参数优化技术,可以有效提高模型的泛化能力。交叉验证通过在不同的数据子集上进行训练和验证,帮助评估模型的稳健性和准确性。超参数优化则涉及对模型的关键参数进行调整,以找到最佳的参数组合,从而提升模型的预测性能。这一过程需要结合模型的实际表现和理论分析,进行反复地试验和调整。

监控训练过程中的学习曲线是判断模型是否过拟合或欠拟合的重要方法。通过分析训练误差和验证误差,可以识别出模型在训练过程中的问题,并采取相应的调整措施。过拟合通常表现为训练误差较低但验证误差较高,此时需考虑减少模型复杂度或增加正则化措施。欠拟合则表现为训练误差和验证误差均较高,需通过增加模型复杂度或改进特征选择来解决。这一过程需要持续地监控和调整,以确保模型的最佳性能。

(三)参数调优的技术与策略

在游泳运动员的水中数据分析中,参数调优是一项至关重要的技术策略。参数调优的基本概念在于通过优化模型的参数设置来提升预测性能,其重要性在于能够显著提高模型对运动表现的预测准确性。优化模型参数不仅仅是对模型本身的调整,更是对数据特征的深刻理解和利用。通过合理的参数调优,模型能够更好地适应复杂的水中数据特征,从而提供更为精确的运动表现预测。这一过程需要综合考虑多种因素,包括数据的质量、模型的复杂度以及计算资源的限制等,以确保最终模型的实用性和高效性。

在参数调优的具体技术中,网格搜索技术是一种系统性探索超参数不同组合的有效方法。通过网格搜索,可以全面地评估每一种可能的参数配置,从而找到最优的参数设置。这种方法的优势在于其全面性和系统性,能够确保不遗漏任何一个潜在的优良参数组合。然而,网格搜索也存在计算量大的问题,尤其是在参数空间较大的情况下。尽管如此,在游泳运动员数据分析中,网格搜索仍然是不可或缺的工具,为模型的优化提供了重要的参考。

随机搜索方法是另一种提高调参效率的有效策略,特别是在参数空间较大时表现出色。与网格搜索不同,随机搜索通过随机选择参数组合来进行评估,这种方法虽然不如网格搜索全面,但在计算资源有限的情况下,能够快速找到接近最优的参数组合。随机搜索的应用在于其灵活性和高效性,能够在较短时间内提供具有竞争力的参数配置,适用于游泳运动员水中数据分析中需要快速迭代的场景。

贝叶斯优化方法提供了一种智能化的参数调优手段,通过建立代理模型来指导下一个参数组合的选择。贝叶斯优化的核心在于利用已有的参数评估结果来预测和选择下一组参数,从而加速调优过程。该方法在游泳运动员数据分析中具有显著优势,能够在较少的评估次数下找到更优的参数配置。这种方法的智能性和高效性为模型的快速迭代和优化提供了强有力的支持,使得参数调优过程更加科学和高效。

四、多维度数据融合的预测模型设计

(一)多维度数据的融合方法与技术

在游泳运动员的运动表现预测中,多维度数据的融合方法与技术起着至关重要的作用。多维度数据融合的基本原理在于将来自不同传感器和数据源的数据整合为一个统一的分析框架。这一过程涉及对不同类型数据的收集、处理和整合,使得各类数据能够在同一平台上进行分析和比较。通过这种方式,研究人员和教练能够全面了解运动员的表现,从而制订更为精确的训练计划和策略。这种融合不仅提高了数据分析的全面性,也为预测模型提供了更加丰富的输入信息。

数据融合技术可以根据不同的应用需求进行分类,主要分为数据级融合、特征级融合和决策级融合。数据级融合通常用于初级的数据处理阶段,适合于需要直接对原始数据进行整合的场合。特征级融合则是在数据预处理后,将不同来源的数据特征进行组合,这种方法在特征提取和降维方面具有显著优势。决策级融合是在多个模型或算法独立处理数据后,将其输出结果进行组合,以提高最终决策的准确性。这些技术各有其适用场景和优势,选择合适的融合方式能够显著提升预测模型的性能。

基于机器学习的多维度数据融合方法,通过算法模型自动识别和整合不同数据特征,是当前研究的热点之一。机器学习算法能够从大量的历史数据中学习规律,自动调整和优化数据融合的策略。这一方法不仅提高了预测的准确性,还能够随着数据的不断更新而进行自我迭代和优化。具体而言,机器学习可以通过训练集中的数据特征,识别出不同数据源之间的潜在关联,从而在融合过程中有效地去除冗余信息。

(二)融合数据在预测模型中的应用

通过整合来自不同来源的多维度数据,预测模型能够综合考虑生理、技术和心理因素,从而更全面地评估运动员的表现。生理数据如心率、乳酸水平等可以揭示运动员的身体状态,而技术数据则通过分析动作细节提供技术层面的见解。心理因素的引入则有助于理解运动员在比赛中的心理状态及其对表现的影响。通过这种多维度的融合,预测模型能够更精准地反映运动员的真实水平和潜力。

将传感器数据与视频分析相结合,能够捕捉到运动员在水中的动态表现,为分析提供更全面的视角。传感器数据可以记录运动员的速度、加速度和动作频率等,而视频分析则能直观地展现运动员的动作质量和姿态。通过将这两种数据类型结合,分析模型不仅可以量化运动员的技术动作,还能识别出动作中的细微差异。这种结合不仅有助于提高模型的预测准确性,还为教练和运动员提供了更为详尽的反馈信息,促进技术的改进和优化。

多维度数据融合有助于识别运动员在不同训练阶段的表现变化,从而优化训练计划的制订。在训练过程中,运动员的状态和能力会随着训练负荷的变化而变化。通过分析融合数据,教练可以识别出运动员在哪些方面取得了进步,哪些方面仍需加强。这种基于数据的分析能够指导教练在制订训练计划时更具针对性,确保运动员在每个训练阶段都能得到最大化的提升。

利用融合数据可以实时监测运动员的状态,及时调整训练策略以应对不同比赛条件。实时数据监测使得教练可以对运动员的状态进行动态评估,及时发现异常并进行调整。例如,在比赛前夕,若发现运动员的生理指标异常,可以调整训练强度或进行心理辅导,以确保运动员在比赛时处于最佳状态。这种灵活的训练调整策略能够提高运动员在比赛中的适应能力和竞争力。

第三节 数据分析模型的验证与优化

一、模型验证的数据集划分与评估指标

(一)数据集划分的原则与方法

数据集划分是数据分析模型构建中至关重要的一环。为了确保模型的有效性和可靠性,数据集划分应遵循随机化原则。这意味着在划分数据集时,需确保训练集、验证集和测试集的样本分布一致,避免因数据偏差导致模型性能不佳。随机化的原则有助于消除潜在的系统性误差,使得模型能够更好地适应不同的样本特征。此外,不同子集的划分比例也需根据数据集的规模和特性进行合理设置。常见的划分比例为70%的训练集、15%的验证集以及15%的测试集。这种比例能够在模型训练和评估之间取得平衡,确保模型在训练时能够充分学习数据特征,同时在验证和测试阶段能够有效评估模型的泛化能力。

在处理时间序列数据时,数据集的划分需特别注意时间顺序。训练集应包含

历史数据,以便模型能够学习时间序列的趋势和模式,而验证集和测试集则应基于未来的数据。这样做不仅能保持时间的一致性,还能模拟真实的预测场景,使得模型在实际应用中具有更高的实用性和准确性。此外,划分过程中还需考虑样本的代表性。即便是在随机化原则下,也需确保各个子集能够覆盖不同的运动员表现特征。这种考虑有助于提高模型的泛化能力,使得模型在面对不同类型的运动员数据时,仍能保持良好的性能。

(二)评估指标的选择与定义

在构建游泳运动员水中数据分析模型时,评估指标的选择与定义至关重要。评估指标不仅仅是衡量模型性能的一种手段,更是指导模型优化和验证的关键。首先,模型的预测准确性是评估的核心内容之一。均方误差(mean-square error,MSE)作为常用指标,能够量化模型预测值与实际值之间的差距。MSE越小,模型的预测效果越好,说明模型在捕捉数据特征方面更为精准。然而,单一的准确性指标并不能全面反映模型的优劣,因此需要结合其他指标进行综合评估。

模型的泛化能力同样是评估过程中不可忽视的部分。为了检验模型在未见数据上的表现一致性,交叉验证方法被广泛应用。这种方法通过将数据集多次划分为训练集和验证集,反复训练和验证模型,从而评估模型在不同数据集上的表现。交叉验证能够有效防止模型过拟合,确保模型在实际应用中具有良好的适应性和稳定性。通过这种方法,研究者可以更准确地了解模型的泛化能力,为后续的模型优化提供科学依据。

除了准确性和泛化能力,模型的稳定性也是评估指标选择时的重要考量因素。平均绝对误差(MAE)作为衡量模型稳定性的指标,能够反映模型在不同数据集上的表现波动情况。MAE的值越小,说明模型在不同条件下的表现越稳定,具有较高的可靠性。这对于游泳运动员水中数据分析模型而言尤为重要,因为水中环境的复杂性和多变性要求模型具有较强的稳定性,以应对各种可能出现的变化和干扰。

二、模型性能的交叉验证与误差分析

(一)交叉验证的技术实现与应用

交叉验证在数据分析模型的构建中扮演着至关重要的角色。其基本原理是通过将数据集分为多个子集,以评估模型的泛化能力。这种方法能够确保模型在未见数据上的表现具有可靠性,避免过拟合问题。交叉验证技术的核心在于其灵活的实现方式和广泛的应用场景,无论是对大规模数据集还是小型数据集均适用。通过交叉验证,研究人员可以获得对模型性能的全面理解,为进一步优化提供坚实的基础。

K折交叉验证是一种常用的方法,通过将数据集划分为K个子集,依次使用每个子集作为验证集,其余作为训练集,从而实现模型性能的全面评估。每个子集都在不同的训练和验证组合中被使用,确保模型在不同数据划分上的表现一致性。这种方法不仅提高了模型评估的准确性,还能有效揭示模型在不同数据集划分下的表现差异,为模型优化提供重要的参考依据。

留一交叉验证(Leave one out cross validation,LOOCV)技术则适用于小型数据集。该方法逐个样本进行验证,确保每个样本都参与模型的训练和评估,从而提高结果的稳定性。LOOCV的优势在于其精细的验证过程,能够最大限度地利用有限的数据资源,提供对模型性能的精确评估。然而,由于其计算量较大,通常仅在数据集规模较小时被采用。通过LOOCV,研究人员能够深入理解模型在单个样本上的表现,为小样本数据集的模型选择提供了有效的工具。

分层交叉验证的实施是为了确保每个折中的样本比例与整体数据集一致,特别适用于类别不均衡的数据集。通过分层采样,模型在不同类别上的表现得到提升,避免了因类别分布不均衡而导致的偏差。分层交叉验证能够有效提高模型在各类别上的泛化能力,使得模型在实际应用中更具鲁棒性。尤其在处理游泳运动员水中数据时,这种方法能够确保模型对不同运动员类别的表现一致。

(二)误差来源的识别与量化分析

在游泳运动员水中数据分析中,误差来源的识别与量化分析是确保数据准确性和模型可靠性的关键步骤。测量设备的精度与准确性对数据采集误差有着显著影响,尤其是在动作捕捉和生理参数监测中。设备的校准和维护不当可能导致数据偏差,影响对运动员技术动作的精确分析。因此,在选择和使用测量设备时,须严格遵循标准操作程序,并定期进行校准,以确保数据的高精度和一致性。

环境因素对数据采集过程的干扰也是误差的重要来源。在游泳环境中,水流、温度、光照等因素可能导致测量结果的波动,从而对运动表现数据造成偏差。

这些因素不仅影响传感器的正常工作,还可能对运动员的表现产生直接影响。因此,在数据采集过程中,须尽量控制环境条件,或通过后期的数据处理技术来校正环境因素带来的误差,以提高数据的可靠性和稳定性。

运动员的生理状态变化是数据采集中另一个不可忽视的误差来源。疲劳、心理状态等因素在不同训练阶段对运动员的表现有不同影响,从而导致数据的波动。这种生理状态的变化不仅影响运动员的实际表现,也在数据分析中引入了不确定性。因此,在进行数据采集时,应充分考虑运动员的生理和心理状态,选择合适的时间和频率进行测量,以获得更为真实和准确的数据。

在数据处理与分析阶段,算法选择和参数设置的不当也可能导致预测模型结果的误差。不同算法对数据的敏感性不同,参数设置的微小偏差可能导致分析结果的显著差异。因此,在模型构建和优化过程中,需对不同算法进行比较和验证,选择最适合当前数据特征的算法,并通过交叉验证等方法优化参数设置,以提高模型的预测精度和稳定性。

(三)误差控制的策略与方法

在游泳运动员水中数据分析中,误差控制是确保分析结果准确性和可靠性的关键。为此,采用高精度测量设备是首要策略。这些设备能够提供更为精准的数据采集,减少因设备本身误差引起的数据偏差。高精度设备的使用不仅提高了数据的精确度,还增强了数据的可靠性,为后续的数据分析提供了坚实的基础。同时,设备的选择和维护也至关重要,定期校准和保养设备可以进一步降低测量误差的风险。

建立标准化的数据采集流程是误差控制的另一重要方法。通过制定详细的环境控制和操作规范,可以有效降低外部因素对数据的影响。例如,水温、光线、设备摆放位置等环境因素都可能对数据采集产生影响。标准化流程确保了每次数据采集的条件一致性,从而减少了外部变量带来的误差。此外,操作人员的培训和流程的严格执行也是确保数据一致性的重要环节。

实时数据监控的实施是确保数据质量和一致性的有效策略。在数据采集过程中,实时监控可以及时识别和纠正异常情况。通过监控系统,操作人员能够迅速发现数据采集中的异常波动或错误,并立即进行调整。这种实时纠错机制不仅提高了数据的即时性和准确性,还为后续的数据分析提供了可靠的数据基础,减少了因数据不一致带来的分析误差。

三、模型优化中的超参数调优方法

(一)超参数的定义与选择

超参数在机器学习中扮演着至关重要的角色。它们是在模型训练之前需要人为设定的参数,不同于模型训练过程中自动学习的参数。超参数的选择可以显著影响模型的性能和预测能力。对于游泳运动员的水中数据分析模型,超参数的选择直接关系到模型能否准确捕捉运动员的技术细节和表现特征。因此,理解超参数的定义及其重要性是构建高效模型的基础。

超参数的选择对模型性能有着直接的影响。选择合适的超参数可以提升模型的准确性和稳定性,反之则可能导致模型过拟合或欠拟合。在游泳运动员数据分析中,模型的精度和泛化能力至关重要,因为它们决定了模型能否在不同条件下准确预测运动员的表现。因此,超参数的选择不仅需要考虑模型的准确度,还需兼顾其在不同数据集上的表现一致性。

常见的超参数类型包括学习率、正则化参数、树的深度等,每种类型都有其对应的调整策略。学习率影响模型的收敛速度和稳定性;正则化参数则用于防止过拟合;树的深度决定了模型的复杂度。在游泳运动员数据分析中,选择合适的超参数类型和调整策略,可以有效地提高模型的鲁棒性和预测能力,从而为运动员的技术训练提供科学依据。

(二)调优算法的设计与实现

超参数调优的目标是通过优化模型性能,提高预测准确性和泛化能力。在游泳运动员水中数据分析的背景下,模型的准确性直接影响运动员的训练方案和比赛策略。因此,合理的超参数调优是至关重要的。超参数调优不仅涉及参数本身的选择,还需要考虑到模型在不同数据集上的表现差异。通过准确的调优,可以使模型在训练数据和测试数据上都表现优异,从而提升其在实际应用中的可靠性和有效性。

采用贝叶斯优化方法可以通过建立代理模型,智能选择超参数组合,从而加速调优过程。贝叶斯优化是一种基于概率模型的优化方法,适用于高维和复杂的参数空间。通过在参数空间中建立一个概率模型,贝叶斯优化能够有效地探索和利用已知信息,以最小化评估次数找到最优参数组合。这种方法特别适合于计算资源有限的场景,因为它能够在较少的实验次数下获得较好的调优结果,显著提高模型的调优效率。

调优过程中应考虑模型的复杂度,避免过拟合现象,确保模型在新数据上的稳定性。过拟合是模型在训练数据上表现良好但在测试数据上表现不佳的常见问题。为避免过拟合,调优算法应关注模型的复杂性,并通过正则化等技术进行控制。正则化技术能够限制模型的复杂度,从而提高其泛化能力。此外,模型的复杂度还应与数据集的规模和特性相匹配,以确保模型在不同数据集上的稳定性和一致性。

实现超参数调优时,可结合交叉验证技术,评估不同超参数设置对模型性能的影响。交叉验证是一种有效的模型评估方法,它通过将数据集分成多个子集,交替使用其中的一个子集进行验证,其余的用于训练,以此来评估模型的性能。结合交叉验证技术,可以更加全面地了解不同超参数设置对模型性能的影响,避免因数据分割不当而导致的评估偏差,从而更准确地选择最佳的超参数组合。

(三)调优效果的实验验证

在模型优化过程中,实验验证是确保超参数调优有效性的关键步骤。通过精心设计的实验,我们可以评估不同超参数配置对模型性能的影响。实验设计应包括对比不同模型架构,这样可以全面评估各自对预测性能的贡献。通过对比不同架构,我们能够识别出最优的模型结构,从而为后续的优化提供坚实的基础。实验验证不仅仅是为了确认调优效果,还能帮助我们理解模型在不同条件下的表现差异。

为了确保调优结果的可靠性,设置基准模型是必不可少的。基准模型作为参考点,可以帮助我们明确调优前后的性能差异。通过比较调优前后的模型性能,我们能够量化调优带来的实际提升。这种方法不仅可以验证调优的有效性,还能为进一步的优化提供明确的方向。基准模型的选择应基于先前的研究和实践经验,以确保其代表性和科学性。

利用可视化工具展示调优前后模型性能指标的变化,是直观呈现调优效果的有效方式。通过图表和图形,我们可以清晰地看到超参数调优对模型性能的具体影响。这种可视化展示不仅便于研究人员快速理解调优效果,也为决策者提供了直观的依据。在学术研究中,数据的可视化是沟通复杂信息的重要手段,可以有效地促进研究成果的传播和应用。

四、模型泛化能力的提升策略

(一)泛化能力的理论基础与评估方法

泛化能力在机器学习中指的是模型在未见数据上的表现能力,这一能力的强弱直接影响模型的实际应用价值。泛化能力的理论基础源于统计学习理论,该理论强调模型不仅要在训练数据上表现良好,还需在测试数据上保持优异的表现。评估模型泛化能力的常用指标包括交叉验证、测试集准确率和F1分数等。这些指标能够量化模型的稳定性和预测能力,使研究者能够更好地理解模型在不同数据集上的表现。此外,泛化能力的定义与其在机器学习模型中的重要性密切相关,尤其是在游泳运动员水中数据的分析中,模型的泛化能力决定了其在不同环境和条件下的适用性。

影响模型泛化能力的因素有多方面,其中训练数据的多样性是一个关键因素。多样的数据集能够提供更全面的信息,使模型能够学习到更具普遍性的特征,从而提升其在未见数据上的表现。此外,模型的复杂度也是影响泛化能力的重要因素。过于复杂的模型可能导致过拟合,使得模型在训练数据上表现良好,但在测试数据上表现不佳。为此,正则化技术的应用可以有效控制模型的复杂度,帮助提升模型的泛化能力。在游泳运动员水中数据分析中,合理选择模型的复杂度和训练数据的多样性是提高泛化能力的基本策略。

提升模型泛化能力的策略包括数据增强、特征选择和集成学习方法。数据增强通过增加训练样本的多样性,使模型能够更好地适应新的数据环境。特征选择则通过筛选出最具代表性的特征,减少模型的复杂度,提高其在未见数据上的表现。集成学习方法通过结合多个模型的预测结果,进一步提高模型的稳定性和准确性。这些策略在游泳运动员水中数据分析中尤为重要,因为运动员的表现可能受到多种因素的影响,模型需要具备足够的适应性以应对不同的比赛环境和条件。

(二)提升泛化能力的技术路径

提升泛化能力的技术路径在数据分析模型中至关重要。通过多种技术手段,我们可以有效增强模型在未见数据上的表现力。数据增强技术的应用是提升泛化能力的关键策略之一。通过对训练数据进行旋转、缩放、翻转等变换,可以增加数据的多样性。这种多样性的增加有助于模型更好地适应新数据,提高其在不同条件下的鲁棒性。数据增强不仅扩展了训练集的规模,还能模拟游泳运动员在不同水下环境中的表现,使模型更具实用价值。

正则化技术同样在提升模型泛化能力中扮演重要角色。通过使用 L1 和 L2 正则化,对模型参数施加适当的约束,可以有效防止过拟合现象的发生。通过正则化技术,模型在训练过程中被迫学习更简洁的参数表示,从而提高其在未见数据上的性能。这种技术特别适用于游泳运动员的技术分析,因为它能帮助模型在复杂的水下环境中保持稳定性。

集成学习方法的实施是提升模型稳定性和准确性的有效途径。通过结合多个基学习器的预测结果,集成学习可以利用投票或加权平均等策略,增强整体模型的表现。集成学习通过多样化的基学习器组合,降低了单一模型可能出现的偏差。对于游泳运动员数据分析,集成学习可以综合不同模型的优点,提高对复杂数据模式的捕捉能力,从而在不同的游泳技术分析中提供更准确的结果。

特征选择与降维技术的运用也在提升模型泛化能力中发挥了重要作用。通过去除冗余和无关特征,模型的复杂度得以降低,从而提高训练效率和泛化能力。特征选择有助于模型聚焦于最具信息量的特征,减少计算资源的浪费。在游泳运动员水中数据分析中,准确的特征选择和降维技术可以帮助研究者更好地理解运动员的表现,并优化训练方案。

(三)泛化能力提升的效果评估

在评价泛化能力时,重点在于模型在不同数据集上的测试结果,尤其关注其在未见数据上的表现一致性与稳定性。通过在多个独立数据集上进行测试,可以观察到模型是否能够在不同环境下保持较高的准确性和稳定性。这种多样化的数据集测试不仅可以揭示模型的潜在缺陷,还能为进一步的优化提供有针对性的指导。模型在未见数据上的表现直接关系到其在实际应用中的可靠性,因此,确保模型的泛化能力是至关重要的。

进一步的泛化能力评估可以通过对比优化前后的模型性能指标来实现。量化泛化能力提升的具体效果需要使用一系列指标,如准确率、召回率、F1 值等。这些指标可以帮助研究人员明确优化措施是否有效,以及在多大程度上提高了模型的泛化能力。通过系统的对比分析,可以更好地理解模型在不同优化阶段的变化,从而为未来的优化策略提供重要的参考依据。这种量化分析不仅有助于评估当前优化策略的有效性,还可以为后续研究提供数据支持。

此外，分析模型在不同特征选择策略下的表现也是提升泛化能力评估的一个重要方面。特征选择策略的不同可能会导致模型在泛化能力上的显著差异。通过对不同特征选择策略的比较，可以验证特征重要性对泛化能力的影响。特征选择的合理性直接关系到模型的复杂性和适应性，因此，深入分析特征选择策略对模型性能的影响，可以帮助优化特征选择过程，提高模型的泛化能力。

评估模型在数据增强技术应用后的表现同样重要。数据多样性是提升模型适应性的关键因素之一。通过分析数据增强技术对模型表现的影响，可以理解数据多样性如何促进模型更好地适应不同的输入条件。这种分析可以揭示数据增强技术在提高泛化能力方面的潜力，并为进一步的技术改进提供方向。数据增强技术的有效应用能够显著提高模型在不同环境下的适应性和稳定性。

五、模型在实际应用中的迭代与更新机制

(一)模型迭代的流程与方法

模型迭代的基本原则在于不断优化和更新模型，以适应新的数据和需求。随着游泳运动员训练和比赛数据的日益丰富，模型必须具备灵活性和适应性，以便在动态环境中保持高效。迭代流程通常从数据收集开始，通过对实际应用中的数据表现进行系统分析，识别模型的不足之处。接下来，运用数据科学技术对模型进行调整和优化，以提升其对水中运动数据的预测能力和分析精度。最后，通过一系列严格的测试验证，确保模型在新环境下的稳定性和可靠性。

迭代流程中的数据反馈机制是模型更新的核心。通过收集和分析实际应用中的数据表现，模型可以得到及时的调整和优化。这一过程不仅依赖于数据科学技术的进步，还需结合运动科学的专业知识，以全面理解游泳运动员在水中的动态表现。数据反馈机制的有效性直接影响模型的调整方向和优化程度，因此，建立一个高效的数据反馈系统是模型迭代成功的关键。通过对数据的深度分析和挖掘，能够识别出模型的潜在问题，并提供具体的改进建议，从而实现模型的持续优化。

模型更新的频率与策略决定了其预测能力的有效性。在实践中，模型更新的频率应根据数据变化的速度和模型的使用场景来确定。对于高频率变化的数据环境，模型需要更频繁地更新以保持其准确性。而在相对稳定的数据环境中，更新频率可以适当降低，以减少不必要的调整和资源消耗。更新策略还需考虑模型

的复杂性和应用成本,以在效率和效果之间取得平衡。通过科学的更新策略,模型能够在不同的数据环境中保持优良的性能。

跨学科知识的融入是推动模型创新与改进的重要途径。结合运动科学、数据科学等领域的最新研究成果,可以为模型提供新的视角和方法。运动科学的进展为模型提供了更为精准的运动特征描述,而数据科学的技术创新则为模型的算法优化提供了强有力的支持。通过跨学科的协作,能够实现模型的创新突破,提高其在复杂数据环境中的适应能力和分析水平,从而为游泳运动员的训练和比赛提供更为科学的指导。

(二)更新机制的设计与实施

为了确保模型能够快速适应运动员的状态变化和训练条件的调整,更新机制必须基于实时数据反馈。这种反馈机制不仅能够捕捉到运动员在不同训练阶段的表现变化,还能反映出环境因素对运动员表现的影响。通过实时数据的获取和分析,模型能够动态调整其参数,以便在最短的时间内做出响应,从而提高预测的准确性和可靠性。

建立定期评估机制是更新机制中不可或缺的部分。通过定期检查模型的预测性能,可以及时识别和解决潜在的偏差或失效问题。这种评估机制应包括对模型预测结果的定量分析,以及与实际运动表现的对比分析。通过这些分析,可以发现模型在不同时间段和条件下的表现差异,从而为后续的优化提供依据。此外,评估机制还应考虑到不同类型数据的权重和重要性,以便在更新过程中合理分配资源。

设计灵活的参数更新策略是确保模型能够持续优化的关键。根据新数据的特征变化,模型需要动态调整其参数。这种灵活性不仅体现在对参数的调整频率上,还包括对参数调整幅度的控制。通过对新数据的深入分析,模型可以识别出数据特征的变化趋势,从而在调整参数时更加精准。这种策略不仅提高了模型的预测准确性,还增强了模型对异常情况的适应能力。

整合跨学科的最新研究成果是保持模型技术前沿性的有效途径。随着科学技术的不断进步,新的算法和技术不断涌现。通过将这些最新的研究成果整合到模型中,可以确保模型始终处于科学前沿。跨学科的整合不仅能够丰富模型的理论基础,还能为模型的实际应用提供更为广阔的视角。通过这种整合,模型在处理复杂的运动员数据时能够表现出更强的适应性和创新性。

(三)迭代与更新对模型性能的影响

在数据分析的实践中,模型的静态性往往无法满足动态环境的需求。通过持续地迭代与更新,模型能够不断吸收新数据,使预测的准确性得到显著提升。这一过程确保模型在面对不断变化的游泳运动员状态时,能够做出更符合实际的判断。随着时间的推移,运动员的体能、技术和心理状态都会发生变化,模型的更新机制使其能够适应这些变化,反映出更为真实的竞技表现。

更新机制的另一个重要作用是降低模型的过拟合风险。在数据分析中,过拟合是一个常见的问题,特别是在训练数据有限的情况下。通过定期的更新,模型能够在不同的训练和比赛条件下保持良好的泛化能力。这种能力使得模型不仅在训练数据上表现优异,也能够在未见过的数据上保持高效的预测能力。这对于游泳运动员的训练和比赛策略制定具有重要意义。

为了确保模型始终处于最佳状态,定期的模型评估与更新是必不可少的。这一过程有助于及时发现潜在的性能下降,并采取必要的措施进行调整。通过评估模型在实际应用中的表现,可以识别出模型的不足之处,并通过更新来弥补这些不足。这样,模型能够始终满足实际应用需求,为教练和运动员提供可靠的数据支持。

第六章　游泳运动员水中数据采集的社会影响与价值

第一节　数据采集对游泳运动普及的推动作用

一、数据采集技术在大众游泳培训中的应用

(一)数据采集技术在大众培训中的普及路径

通过在游泳池中安装传感器和摄像设备,实时监测运动员的动作和姿势,可以有效地收集数据。这些数据被传输到专门的软件系统中进行分析,为教练和学员提供科学的指导。这种技术的普及不仅依赖于硬件设施的升级,还需要结合软件的开发与推广,以实现对游泳技术和体能的全面评估。通过这种方式,数据采集技术逐渐渗透到大众游泳培训中,成为提高教学质量的重要工具。

在游泳教学中的实时反馈机制是数据采集技术的另一大应用。通过实时监测运动员的动作,教练可以在第一时间获取学员的动作数据,并通过可视化的方式进行反馈。这种实时反馈机制不仅提高了教学的效率,也增强了学员的学习体验。教练可以根据实时数据,迅速调整教学策略,帮助学员纠正错误动作,提高技术水平。这种实时反馈机制的引入,使得游泳教学变得更加科学和高效,为大众游泳培训的普及提供了有力支持。

利用数据分析提升运动员的技术动作精确度是数据采集技术的重要价值之一。通过对运动员动作数据的深入分析,可以发现其技术动作中的细微不足之处。教练可以根据这些数据,制订针对性的训练方案,帮助学员提高动作的精确度。这种基于数据分析的训练方法,不仅提高了学员的技术水平,也增强了他们对游泳运动的理解和兴趣。这种方法的推广,为大众游泳培训注入了新的活力,推动了游泳运动的普及。

数据采集技术促进个性化训练方案的制订是其在游泳培训中的一大优势。通过对运动员个体数据的收集和分析,可以为每位学员量身定制训练方案。这种个性化的训练方案,能够更好地满足学员的需求,提高训练的效果。个性化训练

方案的制订,不仅依赖于数据采集技术的支持,还需要教练的专业知识和经验。通过数据与经验的结合,个性化训练方案的效果得到了极大的提升,成为游泳培训的重要发展趋势。

(二)数据支持下的培训效果提升

在现代游泳培训中,数据采集技术的应用已经成为提升培训效果的关键因素之一。通过精确的运动数据采集,教练员能够识别运动员在技术动作中的缺陷。这一过程不仅提高了技术评估的准确性,还为教练制订更具针对性的改进方案提供了科学依据。实时数据反馈的引入,使运动员可以即时了解自己的表现,并根据反馈进行调整,从而提高训练的有效性和针对性。这种数据驱动的训练模式,不仅提升了运动员的技术水平,也增强了他们的自我反思能力。

数据分析的深入应用揭示了运动员生理状态与技术动作之间的复杂关系。通过分析心率、速度、频率等数据,教练能够更好地理解运动员的体能状态,并据此优化训练强度和安排。这种科学的训练调整,不仅有助于提高运动员的竞技水平,还能有效预防运动损伤,确保运动员的长期发展。数据采集技术的应用,使得训练计划的制订更加科学化和个性化,满足了不同水平运动员的需求。

二、数据采集对游泳运动兴趣培养的作用

(一)数据技术对初学者兴趣的激发机制

数据技术的应用在游泳初学者中扮演着重要角色,它通过提供即时反馈帮助初学者迅速了解自己的游泳表现。这种即时反馈机制使得初学者能够在短时间内看到自己进步的轨迹,从而增强学习的积极性。通过对每次游泳的速度、距离、心率等数据的即时分析,初学者可以直观地看到自己的进步,进而获得成就感和动力。这种积极的反馈循环不仅促进了技能的提升,也在很大程度上增强了初学者坚持训练的意愿。

通过数据分析,初学者能够清晰识别自身技术缺陷,这种识别过程提升了他们改进的动力和兴趣。数据分析技术能够帮助初学者发现自己在游泳技术上的不足之处,如动作不协调、速度不均匀等。这种技术缺陷的识别不仅能够帮助初学者有针对性地进行训练,还能让他们在改进过程中感受到不断进步的乐趣。这

种自我发现和改进的过程,极大地提升了初学者的学习兴趣和动力。

数据可视化工具将复杂的训练数据转化为易懂的图表,这种转化形式激发了初学者的好奇心和探索欲。通过图表,初学者能够直观地看到自己的训练数据变化趋势,如速度的提升、心率的变化等。这种数据的可视化呈现,不仅使得初学者对自己的训练情况有更直观的了解,还促使他们产生进一步探索和研究的兴趣。这种好奇心驱动的探索过程,让初学者在学习游泳的过程中充满乐趣和挑战。

(二)兴趣培养中的数据可视化与互动设计

在游泳运动中,数据可视化工具的应用能够显著提升初学者的学习体验。这些工具通过图表和图像的方式,将运动员的训练数据直观地呈现出来,使初学者能够清晰地看到自己的进步情况。这种直观的展示方式,不仅让复杂的数据变得易于理解,还能帮助初学者更好地掌握自己的训练节奏和效果。通过对比不同训练阶段的数据变化,初学者可以更清楚地了解自己的成长轨迹,从而激发他们继续投入训练的热情和动力。

互动设计元素在游泳训练中扮演着重要的角色,特别是在培养初学者的兴趣方面。实时反馈机制是其中的一项关键元素,它能够让初学者在训练过程中立即获得关于动作和速度的反馈,帮助他们及时调整和改进。此外,游戏化机制的引入,通过设置挑战和奖励机制,能够有效提升初学者的参与感。这种互动设计不仅使训练过程变得更加有趣,还能持续增强初学者对游泳运动的兴趣,使他们在不知不觉中提升自己的技能水平。

个性化数据报告的定制是数据可视化与互动设计中的一大亮点。通过分析每位初学者的训练数据,为其定制独特的学习路径,这种个性化的方式不仅能够满足不同初学者的需求,还能激励他们在训练过程中不断追求进步。个性化报告中通常包含了详细的技术分析和建议,帮助初学者在训练中有的放矢,避免盲目练习,提升训练的效率和效果。

社交分享功能的引入,为初学者提供了一个展示和分享自己训练数据和成就的平台。这种功能不仅能够促进初学者之间的互动和交流,还能通过群体之间的相互激励,增强他们的训练动力。通过分享训练成果,初学者可以获得来自他人的鼓励和建议,这种社交互动不仅提升了他们的自信心,也为他们的训练注入了新的活力和动力。

三、数据技术在游泳赛事观赏性提升中的价值

(一)数据技术在赛事直播与解说中的应用

通过实时数据分析,解说员能够提供更为专业的赛事讲解,帮助观众深入理解选手的表现与技术细节。实时数据不仅仅是对选手当前表现的记录,还包括对其技术动作的细致分析。这使得观众不仅可以看到选手在泳池中的即时表现,还能通过数据了解其动作的精确度和效率。这种深入的分析提高了观众对比赛的理解和欣赏水平,使得赛事不仅仅是一场视觉的盛宴,更是一场智力的挑战。

利用数据技术提供的实时统计数据,解说员可以即时对比选手之间的表现差异,增强赛事的紧迫感和观赏性。通过对选手速度、转身时间、划水频率等数据的实时分析,观众能够更直观地感受到比赛的激烈程度和选手之间的细微差距。这种即时的数据对比,不仅增加了赛事的戏剧性,也提升了观众的参与感,使得他们在观看比赛时更加投入。

数据技术的另一大优势在于其能够追踪选手的历史表现数据,为赛事解说提供丰富的背景信息。这些背景数据帮助解说员在比赛过程中讲述选手的成长历程、过往战绩和技术风格,使得观众对选手的竞技状态有更全面的了解。这种背景信息的补充,让赛事解说更具深度,也使得观众在观看比赛时能够对选手的表现有更全面的认知。

通过数据可视化技术,赛事直播中可以展示选手的游泳轨迹、速度变化等信息,极大地提升了观众的参与感和互动体验。可视化的数据不仅让观众能够直观地看到选手在水中的运动轨迹,还能通过速度变化图了解选手在比赛中的节奏和策略。这种可视化的呈现方式,使得观众在观看比赛时能够更加直观地感受到比赛的动态变化,增加了观赛的趣味性。

(二)数据驱动的赛事分析与观众互动

通过数据的实时采集和分析,观众能够在观看比赛的过程中获得选手表现的即时数据。这些数据不仅包括选手的速度、转身时间和出发反应时间等关键指标,还涵盖了选手在比赛中的各项细节表现。这样的信息传递,使观众对比赛的理解更加深入,增强了他们的参与感。这种实时数据的提供,不仅丰富了比赛的观赏性,也使观众能够更直观地感受到比赛的激烈与紧张。

通过先进的数据分析技术，观众可以获取到详细的游泳赛事统计信息。这些信息涵盖了比赛中的多个方面，如选手的速度、转身时间和出发反应时间等。这些数据的呈现，不仅使观众能够更全面地了解比赛过程，还提升了赛事的观赏体验。观众在获取这些详细的数据后，可以更好地评估选手的表现，理解比赛策略，并在心中形成对比赛结果的预测。这种数据的透明化，极大地提升了观众的观赛体验，使得比赛不再仅仅是一场视觉的盛宴，而是融入了更多的理性分析。

数据技术的应用使得观众可以在赛事直播中实时查看选手的历史表现数据。这种深度的数据呈现，增加了赛事的深度和趣味性。观众不仅能够看到选手在当前比赛中的表现，还可以通过历史数据了解选手的成长轨迹和比赛风格。这种历史数据的对比与分析，使得观众在观看比赛时能够更好地理解选手的表现变化和进步，增加了赛事的观赏趣味性。同时，这种数据的应用也为观众提供了更多的话题讨论空间，增强了观众之间的互动。

观众可通过互动平台参与数据投票和预测，增强他们对赛事的参与感和互动性。在现代科技的支持下，观众不仅是赛事的被动接受者，更成为赛事的一部分。通过互动平台，观众可以对比赛的各个方面进行投票和预测，如选手的表现、比赛的结果等。这种互动形式，极大地增强了观众的参与感，使得他们在观看比赛的过程中，能够更深刻地融入赛事中。这种互动性不仅提升了观众的观看体验，也为赛事组织者提供了宝贵的观众反馈。

(三)赛事观赏性提升的社会影响分析

通过高精度的数据采集与分析，观众能够获得更为细致的赛事信息，这不仅增强了观众的沉浸感与参与感，还在一定程度上推动了游泳运动的普及与发展。观众在观看比赛时，实时数据分析提供的详尽信息使他们对比赛的动态有更深入的理解，从而提升了整体观赛体验。这种知识的满足感与娱乐体验的结合，使得观众更加投入于比赛过程，增加了他们对游泳运动的兴趣与关注。

实时数据分析的应用不仅为观众提供了丰富的赛事信息，还提升了赛事解说的专业性。通过数据驱动的解说，解说员能够更精准地分析比赛进程，提供更具深度的见解。这种专业性吸引了更多对游泳运动感兴趣的观众，进而推动了相关产业的发展。观众在享受高质量解说的同时，也对游泳运动有了更全面的认识，这种双重提升促进了游泳运动的社会影响力与市场潜力的扩展。

赛事数据的可视化展示是观众理解比赛的有力工具。通过数据的图形化呈现，观众能够更直观地把握比赛的关键时刻与运动员的表现。这种展示方式不仅提高了观众对比赛的理解深度,还促进了游泳文化的传播与认同。观众在视觉上被吸引的同时,也在文化层面上对游泳运动产生了更深的认同感,这种文化认同为游泳运动在更广泛的社会群体中传播奠定了基础。

四、数据采集对游泳运动文化传播的促进作用

(一)数据技术在游泳文化传播中的应用

通过社交媒体平台,运动员的训练和比赛数据得以广泛分享,这不仅提升了公众对游泳运动的关注度,也激发了更多人参与游泳运动的兴趣。社交媒体的普及使得数据分享变得即时而广泛,运动员的成绩、训练细节以及个人感悟等信息通过数据化的方式呈现,拉近了公众与运动员之间的距离,增强了游泳运动的亲和力和吸引力。

在此基础上,数据可视化技术的应用进一步推动了游泳文化的传播。通过将游泳赛事中的精彩瞬间和选手的卓越表现以图表和动画形式展现,观众可以更直观地感受到比赛的紧张与刺激。这种视觉化的呈现方式不仅吸引了更多观众的注意力,还提升了赛事的整体吸引力和观赛体验。尤其是在大型赛事中,数据可视化技术能够迅速传递赛事信息,帮助观众更好地理解比赛过程和选手表现。

数据分析在游泳文化传播中也发挥着重要作用。游泳组织和俱乐部可以通过对观众和参与者偏好的深入分析,制定出更具针对性的推广策略。通过了解不同群体的兴趣点和行为模式,游泳文化的传播内容和形式得以优化,进而提升传播的效果和影响力。数据分析不仅帮助组织者更好地理解受众需求,还为文化传播的创新提供了科学依据。

(二)数据驱动的游泳文化推广策略

通过建立多元化的宣传渠道,游泳文化能够在更广泛的范围内传播。社交媒体、线上平台和线下活动的结合,使得游泳文化和数据采集技术能够更好地触达不同年龄层的参与者。这种策略不仅提升了游泳运动的可见度,也通过创新的方式吸引了更多的兴趣和关注,尤其是在年轻人群中,激发他们对游泳运动的热情和参与欲望。

为了更有效地推广游泳文化,开发针对不同人群的游泳文化推广项目显得尤为重要。青少年游泳夏令营和社区游泳活动等项目,通过结合数据分析,能够显

著提升参与者的体验与兴趣。这些项目不仅提供了一个学习游泳技术的平台,还通过数据的反馈和分析帮助参与者更好地了解自己的进步和不足,从而激发持续参与的动力。这种数据驱动的方式,使得游泳运动的推广更具针对性和有效性。

与知名运动员和教练的合作是数据驱动游泳文化推广策略中的另一重要环节。利用他们的影响力进行游泳文化的推广,可以显著增强公众对游泳运动的认同感和参与度。知名运动员和教练的成功经验和专业见解,通过数据分析的支持,能够更有说服力地展示游泳运动的魅力和价值。这种合作不仅提升了游泳文化的传播效果,也为公众提供了可信赖的榜样和学习对象。

通过组织数据分析相关的讲座和研讨会,游泳教练和运动员可以更深入地理解和应用数据技术。这种知识的普及,不仅有助于提升他们的专业能力,也推动了游泳文化的深入传播。讲座和研讨会为教练和运动员提供了一个交流和学习的平台,使他们能够更好地将数据技术应用于实际训练和比赛中,从而提高整体水平和竞争力。

第二节 数据采集对体育科技产业的促进作用

一、数据采集技术对体育装备创新的推动

(一)数据技术在装备设计与优化中的应用

通过高精度的数据采集,设计师能够实时监测游泳装备的性能表现。这种实时监测不仅涵盖了装备在水中的动态表现,还涉及材料和结构的细微变化。通过分析这些数据,设计师可以识别出装备在水动力学性能上的不足之处,并进行相应的优化调整。例如,数据分析可以揭示出某种材料在特定水流条件下的表现,从而帮助设计师选择更为合适的材料组合,以提升装备的整体性能。

数据技术的应用不仅限于材料和结构的优化,还在于推动泳衣和泳帽的设计创新。通过对运动员在水中的动作轨迹进行详细分析,设计师能够开发出减少水阻力的装备形态。这种基于数据的设计方法能够显著提升游泳效率,使运动员在比赛中获得宝贵的时间优势。此外,数据技术还可以对比不同泳姿对装备的影响,为泳具制造商提供研发方向,确保新产品能够更好地满足运动员的需求。

数据采集技术的应用范围还扩展到对装备在不同环境条件下的表现评估。

通过对不同水温和水质条件下装备性能的分析,设计师可以开发出具有更高适应性的产品。这种适应性装备能够在多样化的环境中保持优异的性能表现,满足运动员在各种比赛条件下的需求。数据分析不仅提供了装备性能的客观评价,还为未来的设计创新提供了重要的参考依据。

(二)装备创新对运动表现的提升作用

通过智能泳具的使用,运动员能够实时监测自身的生理数据,如心率和肌肉活动。这些数据的获取和分析帮助运动员在训练过程中更精确地调整训练强度,从而有效提升训练效果。智能泳具配备的传感器技术,使得运动员能够在水中获得即时反馈,进而优化训练策略,减少不必要的能量消耗,提升整体运动表现。

在泳衣材料的改进方面,数据采集技术同样发挥着重要作用。通过对不同材料在水中表现的数据分析,研究人员能够开发出减少水阻力的高性能泳衣。这种材料创新不仅提高了运动员的速度和效率,还显著提升了比赛成绩。泳衣材料的进化展示了数据分析在推动装备创新中的潜力,使得运动员能够在比赛中发挥出更高的竞技水平。

数据驱动的泳具设计进一步推动了装备创新。通过对不同泳姿的分析,设计师能够优化装备的各项参数,以确保运动员在比赛中获得最佳的舒适度和灵活性。这样的设计不仅提升了运动员的表现,还增强了他们在比赛中的自信心。数据驱动设计的出现,使得装备创新更加精准和高效,成为提升运动表现的重要因素。

二、数据技术在体育训练服务市场中的应用

(一)数据技术在训练服务中的商业化路径

数据技术在训练服务中的商业化路径正在逐步成型。通过高效的数据采集和分析,训练服务可以在市场中找到新的盈利模式。数据技术能够通过实时监测运动员的表现,为教练提供科学的训练依据。这种实时监测包括运动员在水中的速度、心率、动作轨迹等多维度数据,帮助教练在训练过程中做出更为精准的指导,提升训练效果。这种技术的应用不仅提高了训练的科学性,也为教练提供了更为直观的数据支持。

通过数据分析,训练服务可以为运动员制订个性化的训练方案。不同运动员

在生理和技能上的差异使得个性化训练方案成为提高训练效率的重要手段。数据技术能够识别运动员的个体差异,进而制订出符合其身体条件和竞技目标的训练计划。这种个性化方案不仅满足了不同运动员的需求,还增强了训练的针对性,使得训练效果更加显著。

数据技术的应用还使得训练服务能够提供实时反馈,这对于运动员及时调整训练策略至关重要。通过即时的数据反馈,运动员可以了解自身的训练状态和进展,从而在训练过程中进行适时的调整。这种实时反馈机制优化了训练过程,确保运动员能够在最佳状态下进行训练,提升了整体训练的效率和效果。

数据驱动的训练服务还可以通过建立在线平台,便于运动员和教练进行数据共享与沟通。在线平台的建立不仅实现了数据的集中管理和分析,还提高了教练和运动员之间的协作性。通过平台,教练可以随时查看运动员的训练数据,并根据数据变化进行指导,运动员也可以通过平台反馈训练中的问题和感受,形成良好的互动和沟通。

数据技术的商业化路径还包括与体育品牌合作,开发智能训练设备。这些设备能够在训练过程中进行实时数据采集和分析,为运动员提供更为智能化的训练体验。通过与体育品牌的合作,智能训练设备的研发和推广得以加速,推动数据采集与分析服务的市场化发展。这种合作模式不仅拓宽了数据技术的应用领域,也为体育科技产业带来了新的增长点。

(二)训练服务市场的需求分析与技术适配

随着科学技术的进步,个性化训练方案的需求日益增长。市场要求训练服务能够根据运动员的具体数据,制订量身定制的训练计划,以提高训练效率和运动表现。通过采集运动员在水中的数据,教练和运动员可以更精准地理解运动员的能力和不足之处,从而设计出更具针对性的训练方案。这种数据驱动的个性化训练方式,不仅提高了训练的科学性和有效性,也满足了运动员追求卓越表现的需求。

运动员对实时数据反馈的需求同样推动了训练服务的技术适配。实时数据反馈系统能够即时提供表现分析与建议,使运动员和教练能够在训练过程中及时调整策略。这种即时反馈机制不仅提高了训练的灵活性和响应速度,还增强了运动员对自身表现的理解,有助于快速纠正技术动作和调整训练强度。此外,实时数据反馈的应用也促进了运动员与教练之间的沟通,使得训练过程更加透明和高效。

随着运动员对健康管理的重视,训练服务需整合生理监测数据,以便更好地调整训练强度和恢复策略。生理监测数据的采集和分析,能够为运动员提供全面的健康状况信息,包括心率、血氧水平和肌肉疲劳度等。这些数据不仅有助于防止过度训练和运动损伤,还能帮助教练制订科学的恢复计划,确保运动员在最佳状态下进行训练和比赛。通过整合生理监测数据,训练服务能够为运动员提供全方位的健康管理支持。

训练服务市场对数据共享平台的需求增加,促使技术开发出便于运动员与教练之间高效沟通的数据交互工具。数据共享平台的应用,使得运动员和教练能够在不同地点和时间共享训练数据和分析结果,打破了传统训练模式的时空限制。这种高效的数据交互工具,不仅提高了训练的协同性和灵活性,还为运动员和教练提供了更广泛的合作机会,促进了团队协作和信息共享。

(三)数据驱动训练服务的市场竞争力

通过先进的数据采集技术,训练服务能够实时监测运动员的表现,提供科学的训练依据。这种实时监测不仅可以捕捉运动员在训练中的细微变化,还能通过大数据分析,揭示出影响运动表现的关键因素。这样,教练和运动员可以根据数据分析结果,制订更为精准的训练计划,从而显著提升训练效果和效率。数据驱动的训练方法使得运动员在训练过程中能够更好地掌握自身的状态和进步情况,进而在比赛中取得更优异的成绩。

个性化训练方案的制订是数据驱动训练服务的一大亮点。通过对运动员的具体数据进行分析,训练服务可以为每位运动员量身定制训练计划,确保其能够满足不同运动员的需求。这种个性化的训练方案增强了训练的针对性和有效性,使得运动员能够在短时间内获得最大提升。此外,个性化的训练方案还能够激发运动员的训练热情,使其在训练过程中保持高昂的斗志和积极性,从而为训练服务带来更高的市场价值和客户满意度。

数据技术的应用不仅限于训练方案的制订,还体现在训练过程中的实时反馈。通过数据技术,训练服务能够为运动员提供及时的反馈信息,帮助其在训练过程中及时调整策略,优化训练过程。实时反馈机制使得运动员能够根据自身的表现,快速做出调整,从而避免训练中的错误和低效。这样的反馈机制不仅提升了整体的训练体验,还能够帮助运动员更好地理解自身的训练效果和进步情况,为未来的训练提供有益的指导。

建立在线平台促进运动员与教练之间的数据共享与沟通,是数据驱动训练服务的重要组成部分。通过在线平台,教练和运动员可以随时随地查看训练数据,进行交流和讨论。这种数据共享和沟通机制提升了训练的协作性和互动性,使得训练服务更加灵活和高效。在线平台的引入不仅增强了训练服务的市场吸引力,还为运动员和教练之间的合作提供了新的可能性,使得训练服务能够更好地适应现代体育市场的需求。

三、数据采集对体育科技产业链的延伸作用

(一)数据采集技术对产业链上游的影响

数据采集技术在游泳运动中扮演着重要角色,尤其在产业链上游的影响尤为显著。通过对运动员水中表现的精准分析,数据采集技术推动了新型游泳装备材料的研发。研究表明,轻质且耐用的材料能够显著提升运动员的表现,这一发现促使材料科学家和工程师致力于开发更为先进的材料,以满足现代游泳运动的需求。这些新材料不仅在性能上优于传统材料,同时也在使用寿命和环保性能上取得了突破,为游泳装备制造业注入了新的活力。

数据采集技术还为泳具制造商提供了精确的运动数据,使其在设计过程中能够优化水动力学性能。通过对运动员游泳姿态和动作的详细分析,制造商可以在设计阶段进行更为科学的决策,提升装备的整体效能。水动力学性能的提升不仅能帮助运动员减少水中阻力,还能提高其速度和效率,从而在比赛中取得更好的成绩。这一过程不仅依赖于数据的精准采集,也需要多学科的协作,包括流体力学、材料科学和运动生物力学等领域。

通过对运动员动作轨迹的实时监测,数据采集技术促进了智能泳具的开发。这些智能设备能够根据运动员的实时运动状态进行动态调整,为运动员提供即时反馈和指导。这种技术的应用不仅提升了运动员的训练效率,还为教练员提供了更为科学的训练方案。智能泳具的发展是数据采集技术与人工智能技术融合的产物,标志着游泳装备向智能化方向的迈进,为运动员提供了更为个性化的训练体验。

数据技术的应用使得泳具设计能够更加符合运动员的个性化需求,从而提升运动员的舒适性和竞技表现。通过对个体运动数据的分析,制造商可以为运动员量身定制装备,以满足其特定的训练和比赛需求。这种个性化设计不仅提高了运动员的舒适度,也在一定程度上增强了其自信心和竞技状态。这一趋势反映了现

代体育科技产业对用户体验和个性化服务的重视,为产业链上游的发展提供了新的方向和动力。

(二)数据技术对产业链下游的推动作用

数据技术在现代体育科技产业中扮演着至关重要的角色,尤其是在产业链下游的影响力愈发显著。数据技术为游泳赛事的组织提供了实时数据支持,赛事管理者可以利用这些数据优化赛事安排和资源分配,从而提高赛事的运营效率。这种实时数据的应用不仅提升了赛事的管理水平,还为观众提供了更为丰富的赛事信息,使得观众能够在第一时间了解选手的表现和赛事动态。通过数据的实时传输与分析,赛事的互动性和观赏体验得以增强,观众的参与度随之提升。这种互动性不仅限于赛事现场,也延伸至线上平台,使得更多观众能够参与其中,形成更广泛的赛事影响力。

此外,数据技术的应用还使得游泳俱乐部能够更精准地分析学员的训练效果。通过对训练数据的深入分析,俱乐部可以根据不同学员的表现调整课程设置和教学策略,以满足不同学员的需求。这种个性化的教学方式不仅提高了学员的训练效果,也提升了他们的满意度和忠诚度。数据技术的应用使得教学变得更加科学和高效,为游泳俱乐部在激烈的市场竞争中提供了强有力的支持。

数据采集技术的普及也促进了游泳相关产品的市场推广。企业能够通过收集和分析用户数据,制定更具针对性的市场营销策略。这种基于数据的营销策略能够更好地吸引目标消费者,提升产品的市场吸引力和竞争力。通过对用户需求的精准把握,企业可以开发出更符合市场需求的产品,从而在市场中占据更有利的位置。

(三)产业链延伸的经济与社会效益分析

数据采集技术的应用能够有效降低游泳运动相关的装备研发成本。这种技术通过提供精准的数据支持,使企业能够在材料和设计上进行创新,减少试错成本,从而提升市场竞争力。企业通过数据分析得以更好地理解材料的性能和运动员的需求,进而开发出更符合市场需求的产品,推动了整个产业的技术进步。

此外,通过对市场数据的深入分析,游泳产业链相关企业能够更精准地把握市场需求。这种能力使得企业能够优化其产品定位和营销策略,提升产品的市场适应性和竞争力,从而提高销售额和市场份额。市场需求的精准把握不仅能带来直接的经济效益,还能提升企业在行业中的地位,增强其长期发展的潜力。

数据驱动的训练和健康管理方案为运动员提供了科学的指导,提升了他们的竞技表现和健康水平。这不仅对个体运动员的职业生涯有积极影响,也推动了全民健身的社会目标的实现。通过数据技术的应用,运动员能够更好地了解自身的训练状态和健康状况,从而进行更有针对性的训练和恢复,这种科学的管理方式有助于减少运动损伤,提高运动表现,实现更广泛的社会效益。

数据技术的推广还促进了游泳文化的传播与认同,增强了公众对游泳运动的关注。这种关注不仅体现在观赛人数的增加,还体现在参与者对游泳运动的理解与热情上。这种文化认同推动了相关产业的发展,创造了更多的就业机会,进一步增强了社会的经济活力。游泳作为一项全球性的运动,其文化影响力通过数据技术的推广得到了进一步的扩展。

四、数据驱动的新兴体育科技企业的发展

(一)新兴企业的技术创新与商业模式

通过数据采集技术,这些企业开发出智能泳具,能够实时监测运动员的生理状态和运动表现。智能泳具的使用,使得运动员能够在训练过程中实时获取自身的心率、速度、距离等数据,从而在训练中进行实时调整,达到最佳的训练状态。这种技术创新为游泳运动员提供了前所未有的训练支持。

采用数据驱动的商业模式,新兴企业能够为运动员提供个性化的训练方案和健康管理服务,以满足消费者的多样化需求。通过对大量运动数据的分析,企业可以为每位运动员量身定制训练计划,帮助他们在短时间内提高运动水平。此外,健康管理服务的引入,使得运动员不仅关注运动成绩的提升,还能在健康方面得到全面的保障。这种模式不仅增强了用户的黏性,还开辟了新的市场空间。

新兴企业利用数据分析技术,优化市场营销策略,精准定位目标用户,从而提升产品的市场竞争力。通过对用户数据的深入分析,企业能够准确把握消费者的行为模式和偏好,制定出更加有效的营销策略。这种精准的市场定位,不仅提高了产品的曝光率,还显著提升了销售转化率。企业可以通过数据分析,及时调整市场策略,以适应市场的变化和用户需求的多样化。

(二)数据技术对企业竞争力的提升作用

数据技术的应用在提升企业竞争力方面发挥着至关重要的作用。通过实时监测和反馈,企业能够帮助运动员优化训练方案,这不仅提升了运动员的表现,也提高了他们的满意度。在游泳运动员的水中数据采集中,实时反馈技术可以对运动员的动作进行详细分析,帮助教练和运动员及时调整训练策略,从而达到最佳训练效果。这种基于数据的训练优化,不仅提升了运动员的竞技水平,也增强了企业在市场中的竞争力。

企业还可以利用数据分析技术识别市场需求和用户偏好,从而调整产品设计和营销策略,增强市场竞争力。在体育科技领域,数据分析能够揭示消费者的购买习惯和偏好,使企业能够针对不同的市场细分群体推出定制化的产品和服务。这种基于数据的市场洞察能力,使企业能够更有效地进行资源配置,最大化市场占有率,并在激烈的市场竞争中占据有利位置。

数据驱动的个性化服务不仅吸引了更多用户,还提升了客户的黏性,从而增强品牌忠诚度与市场份额。在游泳运动员的训练中,个性化的训练方案和服务能够满足不同运动员的特定需求,提升他们的训练体验。企业通过提供个性化的解决方案,能够建立更强的客户关系,增加客户的忠诚度和重复购买率,从而在市场中获得更大的份额。

(三)新兴企业在国际市场的地位与潜力

通过创新的数据采集技术,这些企业能够为游泳运动员提供更高效的训练解决方案,极大地增强了运动员的竞技表现。采用先进的传感器和实时数据分析技术,企业能够在训练过程中捕捉到细微的动作变化和水流动态,从而为运动员提供即时反馈。这种技术上的突破,使得运动员能够迅速调整动作,优化训练效果,显著提升竞技水平。

此外,借助大数据分析,新兴企业能够为全球游泳运动员制订个性化的训练计划。这些计划不仅考虑到运动员的当前能力水平,还结合了其历史数据和未来目标,确保每位运动员都能在合适的节奏下提升自己的技能。这种个性化的训练方案满足了不同水平和需求的运动者,从业余爱好者到专业竞技者,均能受益于此。通过数据驱动的训练方法,运动员们能够更科学地规划训练周期,最大化地发挥自身潜力。

新兴企业在国际市场上也积极通过合作与联盟,推动技术共享与资源整合,以提升整体竞争力。这些企业与全球各地的体育机构和技术公司建立了紧密的合作关系,共享先进的技术和研究成果。通过这种方式,企业不仅能加速自身技术的迭代更新,还能在全球市场中建立起稳固的合作网络。这种合作模式有效地降低了研发成本,提高了技术应用的广度和深度,进一步巩固了企业在国际市场的地位。

第三节 数据采集对社会健康与健身文化的贡献

一、数据采集在全民健身中的推广与应用

(一)数据技术在全民健身中的普及路径

数据技术在全民健身中的普及路径呈现出多元化的发展态势。通过智能设备的广泛使用,健身者能够实时监测自身的运动数据,如心率、步数、卡路里消耗等。这些数据的实时性和精确性大大提升了全民健身的参与度与效果。智能手环、运动手表等设备成为大众健身的标配工具,使得运动变得更加科学和高效。这种普及不仅在于设备的普及,更在于数据技术与运动科学的深度结合,为健身者提供了科学的指导和支持。

数据采集技术的普及为健身者提供个性化的训练方案,满足了不同人群的健身需求。通过对个人运动数据的分析,健身者可以获得量身定制的训练计划,这些计划考虑到个体的体能状况、健康目标和生活习惯。个性化的方案不仅提升了健身效果,也增加了参与者的积极性和持久性。对于专业运动员和普通健身爱好者而言,这种技术的应用都显著提高了训练的科学性和有效性。

通过数据分析,健身机构能够评估参与者的训练效果,从而优化课程设置和教学策略。这种以数据为基础的评估方法,使得健身课程的设计更加精准和有效,能够及时调整以适应参与者的需求和反馈。数据驱动的健身课程不仅提高了健身文化的吸引力,也促进了健身行业的专业化发展。健身机构通过数据分析,不仅能够提高客户满意度,还能在市场竞争中占据有利位置。

(二)数据支持下的健身效果提升

在现代社会中,数据采集技术在健身领域的应用日益广泛,为健身者提供了

科学的指导和支持。这些技术通过实时反馈机制,帮助健身者及时调整训练强度和方式,从而有效提高训练效果。健身者在训练过程中可以通过佩戴智能设备,获取心率、卡路里消耗等关键数据,实时了解自身的运动状态。这种即时的信息反馈,使得健身者能够根据自身的身体反应,适时地调整训练计划,避免过度训练或训练不足的情况,从而在安全的基础上提高健身效果。

数据分析在健身机构的应用同样具有重要意义。通过对健身者数据的深入分析,健身机构能够识别出参与者在训练中常见的问题,并据此制定针对性的改进策略。这种基于数据的策略优化,不仅提升了个体健身效果,也提高了整个健身机构的服务质量。通过分析训练数据,健身机构可以发现哪些课程受欢迎,哪些训练方案效果显著,从而进行资源的合理配置。这种数据驱动的决策模式,有助于健身机构在激烈的市场竞争中保持优势。

数据采集技术还能够记录和跟踪健身者的进步轨迹,使其对自身的变化有更为清晰的认识。健身者可以通过查看数据记录,观察自己的进步情况,增强了持续参与健身活动的动力。看到自身在力量、耐力或体型上的变化,能够极大地激励健身者继续坚持训练。数据的可视化处理,通过图表的形式直观呈现健身者的健康数据,使得复杂的信息变得易于理解。这种可视化的呈现方式,帮助健身者更好地把握自己的健康状况和训练效果,增强了健身的科学性和趣味性。

二、数据技术对个性化健身方案的支撑作用

(一)个性化健身方案的设计与实施

个性化健身方案的设计与实施在现代健康管理中扮演着至关重要的角色。利用先进的数据采集技术,通过对个体生理数据的深入分析,如心率、体能水平和运动习惯,能够确保健身方案的科学性和有效性。这种基于数据的分析方法,使得健身方案不仅能满足个体的健康需求,还能根据个体的生理特点进行调整,从而提高训练效果。此外,个性化健身方案的设计还需充分考虑健身者的个人目标和兴趣,通过数据分析提供多样化的训练选择。这不仅能增强健身者的参与感和动力,还能有效提高其坚持锻炼的意愿,最终实现健康目标。

在个性化健身方案的实施阶段,数据监测是一个不可或缺的环节。通过定期的数据监测,可以根据健身者的进展情况及时调整训练内容和强度,确保方案的持续适应性和挑战性。这种动态调整的机制,不仅能保证训练的有效性,还能帮

助健身者克服训练过程中的瓶颈期,保持良好的锻炼状态。个性化健身方案的成功实施,依赖于对数据的精准解读和灵活应用,从而实现对健身者健康状态的全面掌控和优化。

此外,在设计个性化健身方案时,必须充分考虑健身者的生活方式和时间安排。通过数据分析,制订灵活的训练计划,以适应不同的生活节奏和环境条件。这种灵活性不仅能提高方案的可操作性,还能帮助健身者更好地融入日常生活,减少因时间冲突而导致的锻炼中断。同时,个性化健身方案的实施还应包括数据反馈机制,帮助健身者实时了解自身的训练效果和健康状况。通过数据反馈,健身者可以更清晰地认识到自己的进步和不足,从而增强自我管理能力和目标达成感。

(二)数据技术在方案优化中的应用

数据技术在个性化健身方案的优化中起到了关键作用。通过对健身者生理数据的实时监测,教练和运动员能够根据即时反馈调整训练方案,从而在短时间内优化训练效果。这种实时监测不仅包括心率、呼吸频率等基本生理指标,还涵盖了运动强度、疲劳程度等更为复杂的数据。通过对这些数据的分析,教练可以迅速识别出健身者在训练过程中可能遇到的瓶颈和问题,进而制订出更具针对性的改进措施。这种数据驱动的方案优化,有效提升了整体训练质量,使得每一次训练都能最大化地发挥其应有的效果。

数据技术的应用使个性化健身方案具备了动态调整的能力。这意味着,随着健身者能力的提升和目标的变化,训练内容可以随时进行调整,以确保其始终与个人的实际能力和目标相符。这种动态调整不仅提高了训练的科学性和有效性,还增强了健身者的参与感和成就感。通过数据分析,教练能够精确地预测训练效果,并在必要时对训练方案进行微调,从而避免因过度训练或训练不足导致的潜在风险。这种灵活性是传统健身方案所无法比拟的,充分体现了数据技术在现代健身中的独特价值。

数据可视化工具的引入,使得健身者能够直观地了解自己的训练效果和健康状况。这些工具通过图表、图形等形式,将复杂的数据转化为易于理解的信息,帮助健身者在训练过程中更好地进行自我管理。这种自我管理能力的增强,有助于健身者更加明确个人目标,并在实现目标的过程中保持高度的自律性和积极性。此外,数据可视化还能够激励健身者通过可视化的进步来保持动力,并持续投入到训练中。这种直观的反馈机制,极大地提高了健身者的训练效率和满意度。

三、数据采集对健康风险预警与干预的价值

(一)健康风险预警的数据支持与算法设计

健康风险预警系统的设计需要以运动员的生理数据为基础,其中包括心率、体温和氧气饱和度等关键指标。这些数据的实时采集和分析可以有效监测运动员的运动状态,确保他们在训练和比赛中保持最佳的身体状态。通过对这些生理数据的实时监控,系统能够在运动员出现异常时立即发出警报,提示潜在的健康风险,从而为及时干预提供可能。数据的准确性和实时性是保障预警系统有效性的基础,这要求数据采集设备具备高精度和稳定的性能。

在算法设计方面,结合机器学习技术是实现健康风险预警系统智能化的关键。通过分析运动员的历史数据,算法可以识别出潜在的健康风险模式,并在风险即将出现时提前发出预警。机器学习模型的训练需要大量的数据支持,以提高其预测准确性和可靠性。基于不同运动员的体质和训练强度,算法可以自动调整预警阈值,实现个性化的健康风险管理。这种个性化的预警机制不仅提高了系统的灵活性和适应性,也增强了其在实际应用中的有效性。

为了全面评估运动员的健康状况,健康风险预警系统应集成多种数据来源。除了运动员佩戴的生理监测设备,泳池环境监测数据也是不可或缺的组成部分。温度、湿度、水质等环境因素对运动员的健康影响显著,因此系统需要综合分析这些数据,以提供更全面的健康评估。通过多源数据的融合,系统能够更准确地识别健康风险,提升预警的准确性和及时性。

(二)数据驱动的健康干预策略

通过对游泳运动员的生理数据进行采集与分析,研究人员能够制订出更为精确和有效的健康干预方案。这些策略不仅关注运动员的当前表现,还致力于长期健康管理。通过数据分析,研究者可以识别出运动员在训练和比赛中可能面临的潜在健康风险,从而在问题发生之前采取预防性措施。数据驱动的方法使得干预措施能够更好地适应每位运动员的独特需求,提升了健康干预的精准性和有效性。

基于数据分析的个性化健康干预方案设计是数据驱动策略的重要组成部分。每个运动员的生理特征和运动习惯都不尽相同,因此,个性化的方案设计显得尤

为重要。通过对运动员的历史数据进行深入分析,研究人员可以制订出符合个体生理特征的干预措施。这不仅提高了干预的有效性,还能最大程度降低健康风险。个性化方案的设计需要综合考虑运动员的年龄、性别、训练强度等多种因素,以确保干预措施的科学性和实效性。

实时监测运动员的生理数据是确保健康干预策略有效实施的关键。通过先进的传感技术,运动员在训练和比赛中产生的生理数据可以被实时采集和分析。这种实时监测机制使得教练和运动员能够及时获取反馈,并根据数据变化迅速调整训练和健康策略。这种即时的反馈和调整机制不仅提高了运动表现,还能有效降低突发健康风险的发生概率,确保运动员的安全。

利用机器学习算法分析历史健康数据,为识别潜在风险提供了强有力的工具。机器学习能够从海量数据中提取有价值的信息,帮助研究人员发现传统方法难以察觉的健康风险模式。这些模式的识别使得制订预防性健康干预措施成为可能。通过对历史数据的深入挖掘,研究人员能够预测未来可能出现的健康问题,并提前制订相应的干预计划,确保运动员的健康和安全。

(三)预警与干预效果的评估与优化

在游泳运动员的健康管理中,预警与干预效果的评估与优化至关重要。建立有效的评估指标体系是量化分析预警与干预措施效果的基础,它能够确保数据驱动决策的科学性。通过详细的指标体系,我们可以更精准地评估各种干预措施的实际效果,从而为决策者提供可靠的依据。这种量化分析不仅提高了决策的准确性,还增强了措施的执行力和可操作性,使得健康管理变得更加有效。为了实现这一目标,必须对不同的预警与干预措施进行系统的分析与比较,确保其在实际应用中的有效性。

定期进行数据回顾与分析是优化健康风险预警系统的关键步骤。通过对历史数据的深入分析,可以识别出预警系统在准确性与及时性方面的不足之处。这一过程有助于优化算法与预警机制,使其更加贴合实际需求。通过不断地迭代和改进,预警系统可以更好地适应不同运动员的健康状况,提供更为个性化的服务。这样的优化不仅提升了系统的可靠性,还增强了用户对系统的信任度,从而促进了健康管理的整体提升。

收集用户反馈与体验数据是评估干预措施对运动员心理状态及行为改变影响的重要手段。通过对用户反馈的分析,我们可以了解干预措施在实际应用中的效果,以及运动员的心理和行为变化。这些数据为持续改进提供了宝贵的参考,使得干预措施能够更加贴合用户的实际需求。通过不断地反馈与调整,干预措施可以实现更好的效果,帮助运动员在健康管理中获得更大的收益。

四、数据驱动的水中健身项目发展

(一)水中健身项目的设计与推广

针对不同年龄段和健身水平的参与者,这些项目的课程设计必须考虑多样化的需求,以确保每个人都能在一个安全和舒适的环境中进行锻炼。通过对水中健身项目的细致规划,设计者能够创造出适合儿童、成年人和老年人的不同课程,这些课程不仅关注体能的提升,还注重心肺功能的改善和肌肉力量的增强。这样的设计策略有助于在更广泛的人群中推广水中健身项目,使其成为全民健身的重要组成部分。

在水中健身项目中,数据采集技术的应用显得尤为关键。通过实时监测参与者的生理反应,教练和项目设计者能够及时调整训练的强度和内容,以适应个体差异。这种个性化的训练方案不仅提高了训练的有效性,还能有效预防运动损伤的发生。数据采集技术的介入,使得水中健身项目能够根据参与者的即时反馈进行动态调整,从而提升整体的锻炼效果。这种基于数据的训练方法,不仅在科学性上得到了验证,也逐渐成为健身行业中的一种趋势。

为了提高水中健身项目的吸引力,融入趣味性和互动性元素是不可或缺的。通过引入团体挑战和游戏化训练,参与者的积极性和社交互动得到了显著增强。这种创新的训练模式,不仅让参与者在锻炼中感受到乐趣,还能促进他们之间的交流与合作。水中健身项目通过这种方式,不仅提高了参与者的持续性,也在一定程度上塑造了一种新的健身文化氛围,鼓励更多的人参与到健康生活方式的实践中。

(二)数据技术在项目优化中的应用

水中健身项目的发展得益于数据技术的广泛应用。通过实时监测参与者的生理指标,如心率和氧气饱和度,教练能够及时调整训练方案。这种实时数据的获取和分析不仅确保了训练的安全性,也提升了训练的有效性。对参与者生理状态的精准把控,意味着教练可以在训练过程中做出科学决策,避免过度训练或训练不足的情况发生,从而优化训练效果。

数据分析技术的应用为教练提供了识别训练问题的工具。通过对训练数据的深入分析,教练能够发现参与者在训练过程中出现的具体问题,并制订针对性的改进措施。这种数据驱动的策略使得训练方案更具个性化和针对性,提升了整体训练质量。参与者在这种优化的训练环境中,不仅能获得更好的健身效果,也提升了他们对项目的满意度和忠诚度。

数据可视化工具的使用为参与者提供了直观了解训练进展和健康状况的途径。这些工具将复杂的数据转化为易于理解的图表和指标,使参与者能够清晰地看到自己的进步。这种透明性增强了参与者的自我管理能力,他们可以根据可视化反馈调整自己的训练计划和目标。这种自我管理能力的提升,不仅增强了参与者的积极性,也促进了他们对健康生活方式的长期坚持。

(三)水中健身项目的社会效益分析

水中健身项目在现代社会中扮演着越来越重要的角色,其社会效益分析显示了其在多方面的积极影响。研究表明,水中健身项目能够有效促进公众的身体健康。通过定期参与此类项目,个体的心肺功能显著增强,从而降低了患慢性疾病的风险。水中运动由于其低冲击的特性,成为各年龄层人群的理想选择。特别是对于老年人和身体状况较差的个体,水中健身项目提供了一个安全而有效的运动环境,能够显著提升他们的生活质量。

参与水中健身项目不仅有利于身体健康,还有助于提高人们的社交互动能力。通过在水中共同运动,参与者之间能够建立起更紧密的联系,增强社区的凝聚力。这样的社交互动为人际关系的建立与发展提供了良好的平台,尤其是在现代社会中,面对面交流机会减少的情况下,水中健身项目为人们提供了一个重要的社交场所。此外,水中健身项目的集体性质常常带来团队合作的机会,进一步促进了参与者之间的沟通与协作。

水中健身项目的普及也带动了相关产业的发展。随着越来越多的人参与到水中健身项目中,健身器材、游泳池的建设和维护需求不断增加,这为经济增长提供了新的动力。相关产业的繁荣不仅促进了经济发展,还创造了大量的就业机会。游泳池的建设和维护需要专业的技术人员,而健身器材的生产和销售也需要大量的劳动力投入,这些都为社会提供了更多的就业岗位,推动了社会经济的良性循环。

五、数据采集技术对社会健康意识的提升作用

(一)数据技术对健康知识普及的推动作用

数据技术的迅猛发展为健康知识的普及提供了强有力的支持,尤其是在智能健身设备的普及中发挥了重要作用。这些设备通过实时采集和分析用户的运动数据,使公众对健康知识的关注度显著提升。越来越多的人意识到运动对健康的重要性,并积极寻求科学的健身方法。数据采集技术不仅提供了实时的健康状况反馈,还通过可视化的数据展示,让用户能够直观地了解自身的健康水平。这种信息的直观呈现,增强了健康知识的实用性和可操作性,促使公众在日常生活中更好地应用这些知识。

此外,数据采集技术的广泛应用使得健身机构能够定期发布健康报告。这些报告通过对大量运动数据的分析,揭示了运动与健康之间的密切关系。公众通过这些报告,不仅能够深入理解运动对身体各项指标的影响,还能了解到不同运动方式的健康效益。这种基于数据的健康知识传播,极大地提高了公众对健康生活方式的认知和接受度。数据可视化工具的应用,更是将复杂的健康数据转化为易于理解的图表和信息图,进一步提升了公众对健康知识的接受度和兴趣。

(二)健康意识提升的社会影响分析

随着技术的发展,公众对健康管理的主动性显著提高。通过实时监测个人健康数据,人们能够更好地调整生活方式,增强健康意识。这种技术进步不仅使得个体可以随时掌握自身的健康状况,还推动了他们积极参与到健康管理的过程中。数据采集技术的普及,使得健康监测不再是专业人士的专利,而成为每个人都能轻松获取的日常工具。

数据驱动的健身活动在社区健康文化的建设中起到了促进作用。通过数据采集技术,健身活动的效果可以被量化和追踪,这增强了人们对集体健身的认同感和参与度。社区成员通过分享和比较各自的健康数据,形成了一种积极向上的健康健身氛围。这不仅提升了个体的健康水平,也增强了社区的凝聚力,推动了整体社会健康文化的进步。数据的透明性和可追溯性使得健身活动的成效更加显著,进而激励更多人加入健康生活方式的行列中。

通过数据可视化技术,公众能够更直观地理解健康数据,这激发了他们对健

康知识的兴趣与学习动力。可视化的数据展示使得复杂的健康信息变得浅显易懂,降低了健康知识的获取门槛。人们通过图表、图像等形式,能够快速掌握自身健康状态的变化趋势,从而提高了他们对健康管理的关注度。这种方式不仅增加了健康知识的传播途径,还鼓励了更多的人去探索和学习健康相关的内容,进而提高了整体社会的健康素养。

数据技术的应用使得健康教育的内容更加个性化,能够满足不同人群的需求,提高了健康知识的传播效果。传统的健康教育往往采用"一刀切"的方式,而数据采集技术则可以根据个体的健康数据,制订出更具针对性的健康教育方案。这种个性化的健康教育不仅提高了受众的接受度,也大幅提升了教育的效果。通过数据分析,教育者能够更精准地识别不同人群的健康需求,从而提供更具针对性的建议和指导。

(三)数据驱动健康意识提升的长期效果评估

数据驱动健康意识提升的长期效果评估是一个复杂而重要的过程,它不仅涉及对健康数据的收集和分析,还需要建立一个有效的监测系统。通过建立长期的健康数据监测系统,可以定期评估公众的健康状况和运动习惯的变化。这种系统的建立旨在确保健康意识的持续提升,使得公众能够及时了解自身健康状况的变化,从而采取相应的健康措施。定期的健康数据监测可以为个人和社会提供一个健康状况的"晴雨表",促使人们更加关注自己的健康。

通过定期发布健康报告和数据分析结果,公众可以更加清晰地了解个人健康状况的变化趋势。这种透明的信息传递不仅能提高公众对自身健康状况的认知,还能促进健康行为的改变。健康报告的发布可以成为一种激励机制,促使人们根据数据反馈调整自己的生活方式和运动习惯,从而达到改善健康的目的。这种数据驱动的健康意识提升不仅有助于个体健康的改善,也对整个社会的健康文化起到积极的推动作用。

健康教育活动的开展是数据驱动健康意识提升的另一个重要方面。通过利用数据驱动的内容设计,健康教育活动可以更具针对性和吸引力,从而提高公众对健康知识的兴趣和参与度。这种教育活动不仅可以普及健康知识,还能够在社会中形成良好的健康文化氛围。公众在参与这些活动的过程中,能够更加深刻地认识到健康的重要性,并在日常生活中自觉地实践健康行为。

第七章 游泳运动员水中技术优化策略

第一节 基于数据的技术动作改进方法

一、技术动作数据的采集与分析流程

(一)数据采集的设备与方法

在现代游泳运动员的训练中,数据采集设备与方法的选择至关重要。高速度摄像机是其中一种常用的设备,能够精确捕捉运动员的每一个技术细节。这种设备的使用,使得教练和运动员可以慢动作回放和分析技术动作的细微之处,帮助识别动作中的不足之处和潜在的改进空间。此外,水下传感器的应用也不可或缺。这些传感器能够实时监测运动员的身体姿态和水流动态,为教练提供即时反馈信息,从而在训练过程中及时调整和优化运动员的技术动作。

生物力学分析工具在评估技术动作对身体各部位的影响和负荷方面发挥着关键作用。通过这些工具,教练能够了解运动员在每一个动作中所承受的压力和应力,进而制订更合理的训练计划,避免运动损伤的发生。同时,结合虚拟现实技术进行模拟训练,也为运动员提供了在不同环境下优化技术的机会。这种技术不仅提高了训练的趣味性,还帮助运动员在真实比赛环境中更好地适应和发挥。

(二)数据分析的流程与关键技术

数据分析在游泳运动员技术优化中扮演着至关重要的角色。分析流程通常从数据预处理开始,这一阶段包括去噪、标准化和归一化等步骤。去噪技术用于去除数据采集过程中可能引入的噪声,以确保分析的准确性。标准化和归一化则是为了消除不同数据源之间的尺度差异,使得后续分析更具可比性和可靠性。这些预处理步骤为后续的动作识别、关键帧提取和运动学参数计算奠定了坚实的基础。

在数据预处理之后,动作识别算法被广泛应用于技术动作的分析中。通过机器学习技术,系统能够自动识别和分类运动员的技术动作。这一过程通常涉及深

度学习算法的应用,如卷积神经网络(CNN)和递归神经网络(RNN),它们能够有效地从大量视频数据中提取动作特征。通过训练模型来识别不同的技术动作,教练和运动员可以获取关于动作模式的详细信息,从而针对性地进行改进。

关键帧提取是视频分析中的重要步骤,它旨在从长时间的视频数据中提取出最能代表技术动作的关键时刻。通过关键帧提取,分析人员能够专注于动作的高效部分,减少分析的复杂性。常用的方法包括基于运动能量的提取和基于图像特征的提取,这些方法能够有效地捕捉到技术动作中的重要变化,为后续的运动学分析提供了精准的时间节点。

运动学参数的计算是技术动作分析的核心环节之一。通过对速度、加速度和角度等参数的量化分析,研究人员可以深入了解运动员在水中的表现。这些参数不仅可以用于评估运动员的当前技术水平,还可以用于预测未来的表现趋势。通过与历史数据的对比,教练可以识别出技术动作中的细微变化,从而制订更加科学的训练计划。

(三)数据采集与分析中的质量控制

在游泳运动员技术动作的数据采集与分析过程中,质量控制是确保数据准确性和可靠性的关键。数据采集设备的校准与维护是质量控制的首要步骤。设备的精确度直接影响数据的准确性,因此,定期校准设备可以有效减少系统误差。维护工作则包括定期检查设备状态,确保其在最佳状态下运行,从而提高数据的准确性。设备的校准和维护不仅是技术人员的职责,也是整个数据采集团队的基础工作。

标准化的数据采集流程对于提高数据的可比性至关重要。通过制订统一的流程,确保所有运动员在相同条件下进行测试,这样可以有效排除环境变化对数据的影响。例如,水温、湿度以及光照等外部条件的标准化控制,能够使不同时间和地点的测试数据具备良好的可比性。此外,标准化流程还包括统一的测试动作和时间安排,以确保数据的收集具有一致性。

为了进一步提高数据的可靠性,实施多次重复实验并取其平均值是必要的。多次实验能够有效降低偶然误差的影响,使得数据更加稳定和可信。重复实验的次数应根据具体的研究需求和资源可用性来确定,以达到最佳的平衡。此外,重复实验还可以帮助发现潜在的系统性误差,为后续的数据分析提供更为准确的基础。

二、数据驱动的动作缺陷识别与诊断

(一)动作缺陷的识别算法与实现

基于机器学习的动作缺陷识别算法通过训练模型来识别游泳运动员的关键技术动作与潜在缺陷。这种方法依赖于大量的游泳数据集,通过特征提取和模式识别,模型能够在海量数据中找到动作中的细微差异。这种识别算法不仅提升了动作分析的效率,还为运动员提供了科学的技术改进依据。

在动作缺陷识别过程中,使用深度学习技术分析视频数据是一个重要的步骤。深度学习模型能够自动提取视频中的特征,并识别出运动员在水中的姿态偏差。这种技术的应用使得动作分析不再局限于传统的人工观察,而是通过先进的算法实现自动化处理。通过视频数据的深度分析,教练员和运动员可以更直观地了解动作中的问题,从而在训练中进行有针对性的调整。

开发实时反馈系统是动作缺陷识别的另一个重要方面。通过将识别结果即时反馈给运动员,技术改进的效率得到了显著提高。实时反馈系统能够在运动员完成动作后立即提供改进建议,这种即时性大大增强了训练的针对性和有效性。运动员可以根据反馈调整动作,提高技术动作的精确度和水中表现。

(二)缺陷诊断的技术路径与方法

在现代游泳训练中,技术动作的优化已成为提升运动员表现的关键因素。通过科学的数据分析方法,教练和运动员可以识别并诊断技术动作中的缺陷,从而制定有效的改进策略。数据驱动的缺陷诊断方法,首先依赖于运动学分析。通过高精度的传感器和摄像设备,收集运动员在水中的各项运动参数,如速度、加速度、关节角度等。这些数据经过处理后,可以揭示出技术动作中的不协调和不合理之处,为教练提供具体的改进建议。

生物力学模型的应用是另一种重要的技术路径。通过建立运动员的身体模型,分析不同技术动作对身体各部位的影响,教练可以诊断出潜在的运动损伤风险。这种分析不仅帮助识别当前的技术缺陷,还能预测长期训练中可能出现的问题。通过调整训练计划和技术动作,运动员可以有效减少损伤风险,提高训练的安全性和有效性。生物力学模型的应用,不仅需要高水平的专业知识,还需结合实际的训练经验。

数据挖掘技术在缺陷诊断中同样扮演着重要角色。通过分析大量的历史训练数据,可以从中提取出运动员的表现模式,识别出重复出现的技术缺陷。数据挖掘不仅帮助识别个体运动员的问题,还能揭示出共性问题,为团队训练提供指导。这种方法需要强大的计算能力和专业的数据分析技能,是现代训练中不可或缺的工具。

结合专家知识与数据分析结果,制订个性化的技术改进方案,是实现运动员技术提升的关键。专家的经验和直觉可以弥补数据分析的不足,而数据提供的客观依据则能验证专家的判断。通过这种结合,教练可以为每位运动员制订个性化的技术改进方案,帮助他们有效克服特定的技术缺陷。这种方法不仅提高了训练的针对性,也增强了运动员的信心。

(三)缺陷识别与诊断的效果评估

在游泳运动员的技术优化过程中,缺陷识别与诊断的效果评估是一个至关重要的环节。评估的首要任务是建立一套科学的评估标准,以明确缺陷识别与诊断的成功指标。这些指标通常包括技术动作的准确性和运动效率的提升幅度。通过确立这些标准,可以为技术改进的效果提供一个客观的衡量基准。这不仅有助于识别技术动作中的不足之处,还能为后续的改进措施提供方向。评估标准的建立需要结合运动生物力学和运动生理学的理论基础,以确保其科学性和实用性。

为了准确评估缺陷识别与诊断的效果,实施前后对比分析是必不可少的。通过对运动员在技术改进前后的表现数据进行比较,可以直观地评估技术改进的效果。这种对比分析不仅涉及定量的数据分析,还包括定性的动作评估。通过对运动员速度、力量、动作流畅性等多方面的数据进行对比,能够全面反映出技术改进的效果。此外,定性的动作分析也能揭示出技术动作在细节上的变化,从而为后续的训练提供指导。

运动员的主观反馈也是评估技术改进效果的重要依据。收集运动员对技术改进方案的主观感受,可以评估其在实际训练中的适用性与有效性。运动员在训练中的体验和感受,往往能够揭示出技术改进方案在实践中可能存在的问题。通过与运动员的沟通,可以了解技术改进是否符合其个人特点和需求,从而为技术优化策略的进一步调整提供参考。这种反馈机制不仅能提高技术改进的针对性,还能增强运动员参与技术优化过程的积极性。

开展长期跟踪研究是评估缺陷识别与诊断持续效果的有效方法。通过监测运动员在多个训练周期内的技术表现变化,可以评估技术改进的长期影响。这种长期跟踪研究需要结合定期的数据采集和分析,以确保技术改进的持续性和稳定性。通过对长期数据的分析,可以发现技术改进在不同训练阶段的效果变化,从而为技术优化策略的持续改进提供依据。这种长期的效果评估,不仅能验证技术改进的有效性,还能为运动员的长期发展提供支持。

三、基于数据的个性化技术改进方案

(一)个性化方案的设计原则与流程

设计个性化方案的首要原则是基于运动员的具体技术特点与身体素质。这不仅确保了方案的针对性,也提高了其有效性。每位运动员的身体条件和技术能力各不相同,因此,方案设计必须充分考虑这些个体差异,以便在技术改进过程中发挥最大的效用。例如,某些运动员可能在爆发力上占优,而另一些则在耐力上更具优势,因而方案需要根据这些特点进行量身定制。此外,个性化方案还应通过数据分析,识别出运动员技术动作中的优势与不足,从而制订出更具针对性的训练计划。

在设计个性化方案时,运动员的训练目标与比赛需求是不可忽视的因素。方案的实用性在于其能够有效地帮助运动员实现既定目标并在比赛中取得优异成绩。因此,在方案设计阶段,教练和运动员需要共同探讨训练和比赛的具体需求。这一阶段的工作包括明确运动员在不同比赛项目中的目标成绩,以及在训练中需要突破的技术瓶颈。通过对这些因素的深入分析,方案设计能够更好地服务于运动员的长期发展目标,并在实际应用中展现出显著的效果。

个性化方案的制订过程不仅需要教练的专业指导,还应包括运动员的自我评估。这种多方位的反馈机制有助于方案的全面性与可行性。运动员在自我评估中可以反思自己的技术动作和身体状态,而教练则可以提供专业的指导与建议。通过这种互动,方案能够得到及时的调整与优化。此外,运动员的自我评估还可以提高其自我认知能力,增强其在训练中的主动性和积极性,从而在技术改进过程中发挥更大的作用。

在个性化方案的设计中,数据分析结果是一个重要的参考依据。通过对运动员技术动作的详细数据分析,教练可以识别出运动员的实际表现与预期目标之间的差距。这种基于数据的分析能够避免方案设计的盲目性,使技术改进措施更具针对性。例如,通过分析游泳速度、划水次数、转身时间等数据,教练可以制订出更为精准的改进方案,以提高运动员的整体表现。

(二)数据支持下的方案优化与调整

在游泳运动员的训练过程中,数据支持下的方案优化与调整至关重要。通过对运动员技术表现数据的定期分析,教练能够根据运动员的进步情况及时调整训练内容。这种调整不仅能确保训练计划的有效性,还能帮助运动员在每个训练阶段实现最佳的表现。实时数据分析的应用,使得教练可以快速识别出在训练中出现的技术偏差,并立即进行针对性地纠正。这种即时反馈机制有助于运动员在训练中保持正确的技术动作,从而提高训练效率。

此外,运动员的生物力学反馈是优化技术动作的重要依据。通过对这些反馈的深入分析,教练可以识别出技术动作中的细节问题,并进行相应的优化调整。这样的调整不仅能提升运动员的整体运动效率,还能有效减少受伤的风险。生物力学数据为教练提供了一个科学的依据,使得技术动作的改进更加精准和有效。

为了确保个性化技术改进方案的持续有效,实施动态评估机制是必要的。通过不断更新的数据分析,教练能够识别出运动员技术进步中的新变化,并据此调整改进方案。这种动态调整机制确保了训练方案始终与运动员的实际需求相匹配,从而最大化训练效果。同时,这种机制也能帮助教练及时发现和解决潜在的问题,确保运动员的技术水平稳步提升。

(三)个性化方案的实施效果评估

在游泳运动员的技术优化过程中,个性化方案的实施效果评估是确保技术改进有效性的关键环节。通过对个性化方案实施前后技术表现的量化分析,我们可以清楚地评估运动员在关键技术动作上的改进幅度。这种量化分析通常涉及对运动员在水中表现的详细数据采集,包括速度、效率、动作一致性等指标。通过与实施前的数据进行对比,我们能够客观地判断个性化方案在改进运动员技术动作方面的实际效果,这为进一步优化训练方案提供了科学依据。

结合运动员在训练和比赛中的表现数据,可以分析个性化方案对其整体竞技水平的提升效果。运动员的竞技水平不仅仅体现在某一单项技术的提升上,而是整体技术、体能和心理素质的综合表现。通过对训练和比赛数据的深入分析,我们可以了解个性化方案如何在不同情境下影响运动员的表现。这种分析不仅帮助教练员和运动员更好地理解训练效果,也为未来的训练计划提供了重要的参考。

收集运动员对个性化方案实施过程中的反馈,对于评估方案的适用性与运动员的满意度具有重要意义。运动员的主观感受是技术方案成功与否的一个重要指标。通过定期的访谈和问卷调查,教练员可以获取运动员对于方案实施过程中的感受和建议。这些反馈不仅有助于调整方案以提高其适用性,还能增进运动员与教练员之间的沟通,提升运动员的训练积极性和满意度。

个性化方案在降低运动损伤风险方面的有效性也是评估的重要内容。通过对运动员受伤情况的监测,可以判断个性化方案在减少运动损伤方面的贡献。损伤监测通常包括对运动员身体各部位的定期检查和损伤报告分析。通过这些数据,教练员能够识别出方案中的潜在问题,并及时进行调整,以确保运动员的健康和安全。

四、数据支持的技术动作优化案例库建设

(一)案例库的架构设计与功能实现

在游泳运动员水中技术优化过程中,构建一个数据支持的技术动作优化案例库是至关重要的。案例库的架构设计应充分考虑数据的多样性和复杂性,以确保能够有效支持技术动作的分析和改进。案例库需要具备强大的数据存储和管理能力,能够处理来自不同来源的多维度数据。这包括运动员的生物力学数据、视频分析数据以及传感器收集的实时数据等。为了实现这一点,案例库的架构设计应采用模块化和可扩展的结构,以便于未来的更新和功能扩展。

案例库的功能实现需要注重用户的交互体验和数据的可视化呈现。通过友好的用户界面,教练员和运动员可以方便地访问和分析技术动作数据。数据的可视化工具能够直观地展示运动员的动作细节和技术指标,从而帮助识别技术缺陷和潜在的优化方向。此外,案例库还应支持个性化的分析功能和报告生成功能,使用户能够根据具体需求定制技术改进方案。这种灵活的功能设计将大大提升案例库在实际训练和比赛中的应用价值。

为了确保案例库能够持续有效地运行,必须建立完善的数据更新和维护机制。定期的数据更新可以保证案例库内容的时效性和准确性,而维护机制则确保系统的稳定性和安全性。通过引入先进的数据分析算法和机器学习技术,案例库能够实现技术动作的自动化分析和优化建议的智能生成。这种智能化的功能不仅提高了技术分析的效率,也为教练员提供了更加科学的决策支持。在未来,随

着技术的发展,案例库将进一步整合虚拟现实技术和人工智能,推动游泳运动员技术优化的全面升级。

(二)案例数据的采集与分类管理

案例数据的采集与分类管理在游泳运动员技术优化中扮演着至关重要的角色。通过采用多种传感器和设备,能够全面覆盖游泳运动员在水中进行的不同技术动作。这些设备包括但不限于加速度计、陀螺仪和水下摄像机等,它们可以分别从运动员的速度、姿态、动作频率等多个维度进行数据采集。通过这些数据的精确捕捉和分析,研究人员能够更深入地理解运动员在水中的动作细节,为技术动作的改进提供科学依据。

为了有效地管理和利用这些数据,建立一个完善的数据分类体系是必不可少的。这个体系需要根据技术动作类型、运动员水平和训练阶段进行分类管理。技术动作类型的分类有助于将不同的游泳动作细分为蝶泳、仰泳、蛙泳和自由泳等,以便针对性地进行技术分析和优化。运动员水平的分类则可以帮助识别不同水平运动员在技术动作上的差异,进而制订个性化的训练计划。训练阶段的分类管理则能够追踪运动员在不同训练周期中的技术进步,提供动态的技术优化建议。

通过精细化的数据采集与分类管理,研究人员可以构建一个丰富的技术动作优化案例库。这个案例库不仅是技术改进的基础,也是未来趋势分析的重要资源。它能够为教练员和运动员提供翔实的数据支持,帮助他们在技术动作改进中做出更为科学的决策。案例库的建设也为国内外比较提供了一个坚实的基础,使得不同国家和地区的技术优化策略可以在统一的标准下进行对比和分析,为全球游泳运动的发展提供有力的支持。

(三)案例库在技术优化中的应用价值

案例库在技术优化中的应用价值体现在多个方面。首先,案例库能够为教练员和运动员提供丰富的参考资料,通过对成功案例的分析,教练员可以更直观地理解技术动作的优化路径。这种基于数据的分析方法使得技术动作的改进不再依赖于经验,而是有据可循。其次,案例库的建立有助于形成系统化的技术动作优化方法论。通过对不同案例的归纳总结,可以提炼出普遍适用的技术优化策略,为不同水平的运动员提供切实可行的改进建议。此外,案例库还可以作为教育和培训的工具,通过对经典案例的学习,运动员可以更好地理解技术动作的关键要素,从而提高自身的技术水平。案例库的应用不仅促进了技术动作的优化,还推动了游泳训练的科学化和系统化发展。通过定期更新和维护,案例库能够持续为技术动作的优化提供最新的支持和指导,确保运动员在竞争中保持技术优势。

第二节 技术优化与运动效率提升的关系

一、技术优化对能量消耗的影响机制

(一)能量消耗的测量与分析方法

直接测量能量消耗的方法包括使用间接卡路里计量仪器,这些仪器能够精确评估运动员在游泳过程中的能量消耗。通过对运动员在不同游泳技术下的卡路里消耗进行精确测量,研究者可以识别出哪些技术动作更有利于能量节省。此外,利用水下呼吸气体分析仪监测运动员在游泳时的氧气摄取和二氧化碳排放,可以进一步计算出能量消耗的具体数值。这些数据不仅帮助教练优化训练计划,也为运动员提供了科学的技术改进方向。

结合运动学参数与生理指标,通过心率监测器评估运动员在不同技术动作下的能量消耗变化,是另一种有效的方法。心率监测器能够实时记录运动员的心率变化,结合运动学分析,可以揭示不同技术动作对能量消耗的影响。这种方法使得教练能够针对性地调整训练方案,以提高运动员的技术水平和能量利用效率。通过这种综合分析,运动员可以在保持高效能量消耗的同时,提升游泳速度和技术稳定性。

采用生物力学模型分析游泳动作的效率与能量消耗之间的关系,是识别技术优化潜在效益的先进方法。生物力学模型能够模拟运动员在水中的运动轨迹和动作效率,从而揭示不同技术动作的能量消耗特征。通过对这些模型的深入分析,可以发现某些技术动作在能量消耗方面的优势与不足,为技术优化提供科学依据。这种方法不仅提高了技术分析的精准度,也为运动员的技术改进提供了更为明确的方向。

(二)技术优化对能量消耗的量化影响

在游泳运动中,技术优化对能量消耗的量化影响是一个关键研究领域。技术优化能够显著降低游泳运动员在比赛中的能量消耗,从而提高整体竞技表现。通过对技术动作的精细调整,运动员可以有效减少水中阻力。这种阻力的减少意味着运动员在保持相同速度的情况下,所需的能量消耗会显著降低。这种效应不仅在短期内提升运动表现,更在长期训练中提高运动员的效率和耐力。

量化分析显示,技术动作的优化可导致运动员在相同训练强度下心率的降低,从而反映出能量消耗的减少。心率是能量消耗的直接指标之一,优化技术动作可以使运动员在高强度训练中保持较低的心率水平,这不仅有助于节约能量,还能延缓疲劳的到来。通过对心率的监测,教练和运动员可以实时调整训练策略,以达到最佳的训练效果。

然而,不同技术动作的优化对能量消耗的影响具有个体差异,需根据每位运动员的生理特征进行针对性分析。每位运动员的体型、肌肉构成和游泳风格各不相同,因此技术优化的策略也应因人而异。通过个性化的技术分析和调整,运动员可以找到最适合自己的技术优化方案,从而在比赛中发挥出最佳水平。

(三)能量消耗优化的技术路径

在游泳运动中,优化技术动作以减少能量消耗是提升运动效率的关键。通过对游泳技术的细致分析,可以发现减少水中阻力是降低能量消耗的重要方法之一。游泳运动员在水中前进时,水的阻力是主要的能量消耗来源之一。因此,优化游泳技术动作,尤其是提高流线型姿势和动作的连贯性,可以有效减少这种阻力。例如,调整手臂划水的角度和频率,优化腿部打水的力度与节奏,都能帮助游泳运动员在保持速度的同时降低能量消耗,从而提高整体游泳效率。

实施个性化训练计划是另一个有效的能量消耗优化技术路径。针对每位运动员的独特生理特征和技术水平,设计个性化训练方案,调整训练强度和内容,可以最大限度地提高能量利用效率。个性化训练不仅考虑了运动员的当前状态,还通过循序渐进的方式帮助他们不断突破自身极限。例如,对于耐力型运动员,可能会侧重于长距离低强度的训练,而对于爆发力型运动员,则可能会增加短距离高强度的训练,以此达到最佳的能量消耗优化效果。

利用生物力学模型分析不同技术动作对能量消耗的影响是制定技术改进策

略的重要工具。通过生物力学分析,可以量化各个技术动作对能量消耗的具体影响,从而为技术优化提供科学依据。这种分析不仅帮助识别出能量消耗的主要环节,还能指导运动员在训练中进行针对性的技术改进。例如,通过生物力学模型,可以发现某些动作在特定的水流环境下更为节能,从而指导运动员在比赛中选择最优的技术动作。

二、运动效率的量化评估方法与指标

(一)运动效率的定义与评估指标

运动效率在游泳运动中被定义为在单位能量消耗下所能完成的工作量,这通常通过游泳运动员在水中游泳的距离或时间来衡量。评估运动效率的常用指标包括游泳速度、心率、能量消耗和游泳距离等。这些指标不仅能够直接反映运动员在水中的表现,还能间接揭示其技术水平的高低。通过对这些指标的监测和分析,教练和运动员可以更好地理解其在水中运动的效率和效果。

运动效率的量化评估可以通过比较不同技术动作下的能量消耗与游泳成绩之间的关系来实现。具体而言,不同的游泳技术动作会导致不同程度的能量消耗,而通过分析这些能量消耗与实际游泳成绩之间的相关性,可以确定哪种技术动作更为高效。这种分析不仅帮助运动员在训练中选择最优的技术动作,还能为其在比赛中提供战术指导。

(二)量化评估的实验设计与实施

实验设计首先需要明确实验对象的选择标准,确保参与者的技术水平和身体素质具有代表性。这不仅能提高实验结果的普适性,还能为后续的技术分析提供可靠的基础。参与者的选取应涵盖不同性别、年龄和训练水平的运动员,以便更全面地理解技术优化对不同群体的影响。

在设计实验方案时,设定明确的控制变量和实验变量至关重要。控制变量如水温、泳池长度和环境条件等应保持一致,以排除外部因素对实验结果的干扰。实验变量则包括不同的技术动作和训练强度,以便于分析技术优化对运动效率的具体影响。通过这种精细化的设计,研究者能够更精准地评估各技术动作对能量消耗和运动效率的贡献。

实验流程的制订需要考虑数据采集的时间节点、频率和方法,以确保数据的系统性和一致性。通常,数据采集应涵盖运动员在不同训练阶段的表现,包括初始状态、中期调整和最终评估。采集的数据类型可能包括心率、氧耗量、划水频率等,通过这些数据可以全面评估运动员的技术表现和效率变化。为了保证数据的准确性,采用先进的水下传感器和视频分析技术也是必要的。

在实验实施后,进行数据的统计分析是评估技术优化效果的关键步骤。应用适当的统计方法,如方差分析和回归分析,可以揭示不同技术动作对能量消耗和运动效率的影响。通过对比分析,不同技术优化策略的优劣将一目了然,这为教练和运动员在训练中提供了科学依据。统计结果不仅用于验证假设,还能为后续的技术改进提供方向。

(三)评估结果的分析与应用

通过对运动员在不同技术动作下的能量消耗和运动效率进行量化比较,可以识别出最优的技术方案。这一过程需要借助先进的数据采集技术,如水下摄像机和生物力学传感器,以获取精准的数据。这些数据不仅包括运动员的泳姿、速度、划水频率,还涵盖了能量消耗与输出的具体数值。通过统计分析,教练员和运动科学家能够识别出不同技术动作间的微小差异,这些差异可能在比赛中决定胜负。

结合评估结果制订个性化训练计划是提升运动员技术水平的核心策略。根据运动员的表现数据,教练员可以调整训练内容,以实现最佳的技术改进效果。例如,某运动员在自由泳中存在划水效率低的问题,通过数据分析识别出其手臂入水角度不佳。针对这一问题,训练计划可以专注于手臂入水技术的强化练习,同时结合力量训练以增强手臂肌肉的爆发力。这样的个性化训练不仅提高了运动员的技术水平,也增强了其在比赛中的竞争力。

评估结果的反馈机制是确保技术进步与训练目标一致性的保障。建立定期回顾和调整的流程,使得教练员和运动员可以及时了解技术改进的成效,并根据最新的数据调整训练策略。这一机制要求教练员具备敏锐的数据分析能力,以及对运动员状态的深刻理解。通过定期的技术评估和反馈,运动员可以不断优化技术动作,从而在比赛中达到最佳表现。

三、技术优化与运动效率的关联性研究

(一)关联性分析的理论模型与实验设计

在游泳运动员水中技术优化的研究中,建立关联性分析的理论模型是理解技

术优化如何影响运动效率的关键。构建理论模型需要明确运动效率与技术优化之间的数学关系,这种关系可以通过量化分析技术改进对运动表现的影响来实现。具体而言,模型需考虑游泳技术动作的细节变化如何转化为速度、能量消耗等运动表现的提升。这一过程不仅需要数学建模的支持,还需结合生物力学和流体力学的原理,以确保模型的科学性和实用性。通过这种理论模型,研究者能够系统地分析技术优化对运动效率的潜在影响,从而为后续的实验设计提供理论依据。

实验设计是验证理论模型的重要手段,涉及对不同游泳技术动作的系统性比较。通过实验,研究者可以评估不同技术动作对运动效率的具体影响。例如,通过对比自由泳和蛙泳的技术细节,分析各自的能量消耗和速度表现,找出优化空间。实验设计中还需考虑运动员的个体差异,确保实验结果的普适性。为了获得可靠的数据,实验应在相对标准化的环境中进行,尽量减少外界干扰因素的影响。通过对比不同技术动作的实验结果,可以为游泳技术的优化提供实证支持。

数据采集是技术优化研究中不可或缺的一部分,需涵盖多维度的生理参数和技术动作指标。全面的数据采集能够确保分析的全面性和准确性,涵盖心率、氧耗、肌肉活性等生理指标,以及划水频率、划水长度等技术动作指标。这些数据不仅可以帮助量化运动效率,还能揭示技术动作的细微变化如何影响运动表现。为了确保数据的可靠性,需采用先进的传感器技术和数据分析工具,确保数据采集的高精度和高效性。

采用控制组与实验组的设计方法是评估技术优化措施有效性的重要手段。在实验中,控制组保持原有技术动作,而实验组则采用优化后的技术动作。通过对比两组在运动效率上的表现差异,研究者可以评估技术优化措施的有效性。此设计方法不仅能验证理论模型的准确性,还能为技术优化策略的制定提供实践依据。通过这种对比分析,研究者可以识别出最具潜力的技术优化措施,并为运动员的训练提供科学指导。

(二)技术优化对运动效率的定量影响

通过精确的技术调整,运动员可以有效减少水中的阻力,从而提高游泳速度。这种减少阻力的过程不仅仅依赖于表面技术的改善,还涉及对水流动力学的深刻理解。通过对运动员技术动作的优化,尤其是在入水、划水及出水的关键环节,运动员能够在相同的身体条件下实现更快的速度,这直接提升了整体的运动效率。同时,技术优化并不仅仅局限于速度的提升,它还包括动作的流畅性和稳定性,这些因素共同作用，最终实现运动员在比赛中的优异表现。

技术优化的另一个显著效果是能量消耗的降低。通过改进技术动作，运动员在相同速度下的能量消耗显著降低，这反映出技术改进对能量利用的有效性。能量效率的提升意味着运动员可以在长时间的比赛中保持更高的速度和稳定性，而不会因过早的疲劳而导致成绩下滑。这种能量效率的提高不仅依赖于技术动作的优化，还需要结合科学的训练计划和合理的营养补给，以确保运动员在比赛中的最佳状态。

然而，不同技术动作的优化对能量消耗的影响存在个体差异。每位运动员的生理特征不同，这意味着技术优化需要根据个体的具体情况进行量化分析。通过对运动员的生理数据进行详细的分析，可以制订个性化的技术优化方案，以确保每位运动员都能在其生理极限内达到最佳表现。这种个性化的优化策略不仅提高了技术动作的效率，还增强了运动员在比赛中的竞争力。

技术优化不仅限于个体动作的调整，它还包括提高运动员的动作协调性。通过优化动作的协调性，运动员可以减少不必要的能量浪费，从而提升整体的运动效率。动作协调性不仅体现在四肢的同步性上，还包括呼吸与划水节奏的协调。通过科学的训练和细致的动作分析，运动员可以在比赛中实现最佳的动作协调性，进而在激烈的竞争中脱颖而出。

(三) 关联性研究对技术优化的指导意义

技术优化研究在游泳运动中具有重要的指导意义。通过对技术优化与运动效率之间关系的深入研究，教练和运动员可以获得科学的训练依据。这种研究能够揭示出哪些技术动作对运动效率有更显著的影响，从而帮助教练在制订训练计划时，有针对性地选择和强化这些关键动作。这不仅提升了训练的有效性，也有助于运动员在比赛中表现出更高的竞技水平。

通过分析技术优化对运动效率的影响，研究者可以识别出潜在的改进方向。这种分析可以帮助运动员在训练中集中精力于关键技术动作的提升，从而提高整体的运动表现。技术优化研究通过提供明确的改进方向，使得运动员能够更有针对性地进行训练，避免在不必要的技术细节上浪费时间和精力。这种针对性的训练不仅提高了效率，也增强了运动员的自信心和技术掌控能力。

关联性研究为个性化训练方案的制订提供了重要的数据支持。每位运动员的生理特征和技术水平各不相同，因此，个性化的训练方案显得尤为重要。通过对技术优化与运动效率关系的研究，教练可以更好地理解每位运动员的独特需求,并据此制订出更符合其个人特点的训练计划。这样的个性化方案不仅提升了训练的有效性,也有助于运动员发挥出最佳水平。

四、不同泳姿下技术优化对效率的提升作用

(一)自由泳、蛙泳、仰泳与蝶泳的效率优化

游泳运动中,自由泳因其速度快、动作流畅而被广泛应用。自由泳技术优化的关键在于手臂入水角度与身体姿态的协调。通过调整手臂入水的角度,可以有效减少水阻力,从而提高游泳效率。与此同时,保持身体的流线型姿态,能够进一步降低水的阻力,使运动员在水中游得更快、更轻松。自由泳的技术优化不仅仅是动作的调整,更需要结合运动员的身体素质和技术特点进行个性化的训练设计,以达到最佳的效率提升效果。

蛙泳在技术优化过程中,腿部动作的幅度与频率是关键因素。优化腿部动作可以通过增加踢腿的幅度和频率来实现,这样能够有效地提高推进力,进而提升整体的游泳速度和效率。蛙泳的腿部动作相对复杂,需要运动员在训练中不断调整动作的节奏和力度,以达到最佳的能量利用率。通过科学的训练计划和技术指导,运动员可以在蛙泳中实现更有效的推进,进而在比赛中取得更好的成绩。

仰泳技术的改进主要集中在头部位置与身体轴线的对齐上。保持头部与身体的正确位置,可以有效地提高水中稳定性,减少不必要的能量消耗。仰泳中,运动员需要在保持身体平衡的同时,确保头部位置的稳定,以便在水中游得更顺畅。通过对仰泳技术的细致调整,运动员可以在保持稳定性的同时,提升游泳效率,实现更快的速度和更好的比赛表现。

蝶泳的动作优化则集中在臂力与腿力的配合上。蝶泳需要强大的臂力和腿力来确保每次划水都能实现最大推进力,从而提升整体速度。运动员在训练中需要注重臂腿协调的练习,以确保每一次动作都能发挥出最大的力量。通过对动作的精细化调整和力量的科学训练,蝶泳运动员可以在比赛中实现更高的速度和更佳的表现。

(二)不同泳姿下技术优化的共性策略

不同泳姿下的技术优化策略在游泳运动中扮演着至关重要的角色。各泳姿的技术优化应首先注重身体的流线型姿态。流线型姿态有助于减少水中的阻力,

使运动员能够在同样的体力消耗下游得更快。研究表明,流线型姿态的保持不仅依赖于运动员的身体柔韧性和肌肉力量,还与其在水中的平衡感密切相关。因此,针对不同泳姿的训练中,教练应特别关注运动员的姿态调整,以确保他们能够在各种泳姿中保持最佳的流线型状态。

在游泳中,动作的协调性和节奏感是提高效率的关键因素。不同泳姿对协调性的要求各不相同,但无论是自由泳、蛙泳、仰泳还是蝶泳,运动员都需要通过针对性地训练来增强这一能力。协调性和节奏感的提升不仅能够提高运动员的游泳速度,还能有效降低体力消耗,使他们在长时间的比赛中保持稳定的表现。为此,教练可以通过视频分析和动作分解训练,帮助运动员识别并改进动作中的不协调之处,从而提升整体效率。

在技术优化过程中,水中推力的最大化是另一个重要方面。合理的划水角度和力度是实现有效推进的关键。不同泳姿对划水动作的要求不同,但都需要运动员在技术训练中强调划水的精确性和力量的合理分配。通过科学的训练方法,运动员可以在不增加体力消耗的情况下,显著提高每次划水的推进力。教练在设计训练计划时,应根据运动员的具体情况,调整划水动作的细节,以达到最佳的推进效果。

不同泳姿的训练应结合运动员的身体素质和灵活性,制订个性化的技术改进方案。每位运动员的身体条件和技术水平都不同,因此在训练中,教练需要根据个体差异,设计适合的技术优化策略。个性化的训练不仅能帮助运动员更快地掌握新技术,还能有效避免因不适合的训练方法导致的运动损伤。通过细致的观察和科学的评估,教练可以为每位运动员量身打造最适合的训练方案。

(三)泳姿差异对效率优化的影响分析

在游泳运动中,不同泳姿的技术优化对运动效率的提升具有重要影响。不同泳姿的水动力学特性直接影响游泳效率。自由泳以其流线型的身体姿态和高效的推进力著称,然而,水流阻力的管理在自由泳中至关重要。相比之下,蛙泳虽然推进力不如自由泳显著,但其独特的腿部动作提供了强大的爆发力和稳定性。自由泳与蛙泳在水流阻力和推进力上的显著差异,决定了技术优化的方向和重点。通过对水动力学特性的深入研究,可以更好地理解这些差异,并制定相应的优化策略,以提高运动效率。

不同泳姿在技术动作协调性上的要求也存在显著差异。自由泳强调手臂与腿部动作的高度同步,以确保动作的连续性和流畅性。手臂的划水与腿部的打水需要在时间和空间上达到完美的协调,以减少不必要的能量损耗。而蛙泳则更注重腿部的收缩与展开节奏,腿部动作的节奏感和爆发力是蛙泳技术优化的关键所在。通过对技术动作协调性的分析,可以发现不同泳姿在技术优化上的独特需求,从而制订更具针对性的训练计划。

每种泳姿对身体姿态的要求各异,这对能量的有效利用至关重要。仰泳需要保持头部与身体的对齐,以减少水流阻力和能量损失。头部的稳定和身体的平衡是仰泳技术优化的核心。而蝶泳则强调身体的波动性,通过身体的波动动作来提升推进效果。蝶泳的波动性不仅是技术的核心,也是能量利用效率的关键因素。通过对身体姿态的优化,可以显著提高不同泳姿的运动效率。

五、技术优化在长期训练中的累积效果

(一)长期训练中技术优化的实施路径

在游泳运动员的长期训练过程中,技术优化的实施路径是提升运动效率的关键。建立系统化的技术优化计划是这一过程的基础。明确长期训练目标与阶段性指标,不仅能为运动员提供明确的技术改进方向,还能保证每个训练周期的有效性。通过精确的数据分析,教练能够识别运动员在技术动作中的不足之处,并针对性地进行调整。这样的系统化计划,不仅为运动员提供了清晰的训练蓝图,也为教练的决策提供了科学依据。

技术动作的评估与反馈是技术优化的核心环节。定期的技术评估能够及时发现运动员技术动作中的细微变化,并通过数据分析结果指导训练调整。这一过程确保了技术优化的持续性与有效性。通过视频分析、传感器数据等现代技术手段,教练和运动员可以深入理解技术动作的细节,从而实现精细化的技术调整。此外,技术反馈的及时性和准确性,也为运动员提供了即时的改进方向,增强了训练的针对性。

结合运动员的生理特征与心理状态,制订个性化的训练方案,是技术优化的重要策略。不同运动员在长期训练过程中表现出不同的身体和心理变化,因此,训练方案需要灵活调整以适应这些变化。个性化的训练方案不仅能满足运动员的生理需求,还能提升他们的心理适应能力,增强训练的整体效果。通过个性化的技术优化,运动员能够在训练中保持高水平的专注力和积极性,从而实现最佳的训练效果。

跨学科的合作是技术优化的又一重要路径。生物力学、运动心理学等领域的研究成果为技术优化提供了丰富的理论基础与实践指导。通过与不同学科专家的合作，教练可以获得更全面的技术优化策略。例如，生物力学研究能够提供关于游泳技术的详细分析，而运动心理学则能帮助运动员克服心理障碍，增强自信心。这样的跨学科合作，不仅拓宽了技术优化的视野，也提升了其科学性和实践性。

（二）累积效果的量化评估与分析

制定科学的量化评估标准是开展有效分析的基础。通过明确技术动作的准确性、稳定性等评估指标，能够系统性地分析技术优化的效果。评估指标的选择应紧密围绕游泳运动员的技术特点和训练目标，以确保评估结果的相关性和实用性。技术动作的准确性不仅影响运动员的表现，还直接关系到能量消耗的效率。因此，量化评估标准的制定必须全面而细致，涵盖技术动作的各个方面，以便为后续的分析提供可靠的数据基础。

长期跟踪研究是评估技术优化累积效果的关键。通过定期收集和分析运动员的训练数据，可以深入了解技术优化对运动表现和能量消耗的影响。运动员的训练数据包括但不限于速度、心率、乳酸水平等，这些数据能够揭示技术优化的潜在改进方向。通过对这些数据的长期监测，可以识别出技术优化在不同训练阶段的具体效果，并据此调整训练策略。这种科学的跟踪研究方法，能够帮助教练和运动员更好地理解技术优化在长期训练中的累积效果。

统计分析方法在量化技术优化的累积效果中具有重要作用。通过对不同训练周期内运动员技术表现的比较，可以量化技术优化的效果。统计分析不仅能够验证技术优化的效果，还能揭示训练过程中的细微变化。运用统计工具进行数据分析，确保了研究结果的科学性与准确性。这种方法能够帮助研究人员和教练更好地理解技术优化的动态变化，为制订更加精确的训练方案提供数据支持。

运动员的主观反馈与客观数据的结合，是评估个性化训练方案实施效果的有效途径。技术优化不仅体现在客观数据的提高上，还体现在运动员的主观感受中。通过结合运动员的主观反馈，可以更全面地评估技术优化的适用性与有效性。运动员的反馈能够提供关于技术动作舒适度、疲劳感等方面的信息，这些信息对于优化训练方案具有重要参考价值。结合主观与客观数据，可以更准确地评估个性化训练方案的效果。

(三)长期优化对运动表现的提升作用

通过持续的技术优化,运动员不仅能够提高技术稳定性,还能在比赛中表现得更加一致。这种稳定性减少了因技术波动导致的成绩波动,使运动员在比赛中更具竞争力。技术的稳定性是通过反复的训练和细致的技术调整逐步实现的,每一个细节的改进都为运动员的表现奠定了坚实的基础。

持续的技术优化还能够增强运动员的身体适应性,从而提高其在高强度比赛中的耐受能力。这种适应性不仅体现在肌肉和心肺功能的提升上,还包括运动员对不同比赛环境的快速适应能力。通过长期的技术训练,运动员的身体能够更高效地利用能量,延长竞技状态的维持时间。这种能量利用效率的提升使得运动员在比赛中能够以更少的能量消耗达到更高的表现水平。

技术优化的累积效果在不同训练阶段帮助运动员实现最佳的能量利用效率。这种效率的提升不仅体现在比赛中的表现上,也体现在日常训练中。通过优化技术,运动员能够在训练中减少不必要的能量消耗,从而在长时间的训练周期中保持高效的竞技状态。这种能量效率的提升是通过对技术动作的精细调整和对身体机能的深入理解实现的。

第三节 技术优化对竞技表现的影响分析

一、技术优化对比赛成绩的直接影响

(一)技术优化与比赛成绩的定量关系

研究表明,通过减少水中阻力,技术优化能够直接提升游泳速度,从而改善比赛成绩。水中阻力的减少,不仅使得运动员在水中的滑行更加顺畅,还使得每次划水的推进力更为有效。这种优化过程涉及对运动员动作细节的精细调整,如手臂入水角度、腿部打水节奏等。通过科学的技术优化,运动员能够在不增加体能消耗的情况下,实现更高的游泳速度,从而在比赛中获得更优异的成绩。

优化后的技术动作还可以显著提高能量利用效率,使运动员在比赛中能够以更低的能量消耗保持高强度的表现。具体来说,优化技术动作可以减少不必要的能量浪费,如减少水花和水流干扰等。通过对能量利用效率的提升,运动员在长

距离比赛中能够保持更稳定的速度,减少体能的过早耗尽。这种能量效率的提升,不仅有助于运动员在比赛中保持良好的状态,还能够延长其高水平竞技生涯。

此外,技术优化有助于增强运动员的动作协调性,减少不必要的能量浪费,从而提高整体比赛表现。动作协调性的提升,意味着运动员的每一个动作都能与整体节奏相匹配,减少了动作之间的冲突和不协调所带来的能量损失。通过系统的技术训练,运动员能够更好地掌握动作之间的衔接,从而在比赛中展现出更为流畅和高效的游泳姿态。这种协调性的提升,不仅体现在个体动作上,还体现在团队接力等集体项目中。

(二)优化效果在不同赛事中的表现

在游泳比赛中,技术优化的效果在不同类型的赛事中表现出显著的差异。技术优化在短距离比赛中尤为重要,因为在这些比赛中,运动员需要在极短的时间内达到最高速度。通过优化技术动作,运动员能够在短时间内爆发出更强的动力,从而在比赛中取得更好的成绩。特别是在短距离游泳中,优化起跳和转身技术可以大幅度提升运动员的表现,使其在关键时刻实现最佳表现。这种优化效果的显著性在短距离赛事中尤为突出,因为每一个细微的技术改进都可能对最终成绩产生决定性的影响。

在长距离比赛中,技术优化的重点则有所不同。长距离游泳要求运动员在较长的时间内保持稳定的速度和节奏,因此,优化技术动作的目标是降低能量消耗。通过技术优化,运动员可以在比赛的后期阶段保持相对稳定的速度,避免因体力消耗过大而导致的速度下降。能量效率的提升不仅帮助运动员更好地分配体力,还能在比赛的后半程保持竞争力。这种技术优化的应用,使得长距离游泳比赛中的表现更加稳定,从而提高了整体竞技能力。

不同泳姿的技术优化在各类赛事中也展现出不同的效果。例如,自由泳的技术优化在短池比赛中具有更为明显的影响。短池比赛中,运动员需要频繁地进行转身,因此,转身技术的优化能够显著缩短转身时间,提高整体速度。此外,自由泳的技术优化还可以改善运动员的划水效率,使其在水中能更好地利用每一次划水的力量,从而提升比赛成绩。其他泳姿如蛙泳、蝶泳等的技术优化也各有侧重,根据不同的比赛需求进行针对性的调整。

技术优化不仅仅是提升运动员速度的手段,还能通过提升运动员的动作协调性,增强其在比赛中的适应能力。通过优化,运动员可以更好地应对不同的比赛环境和条件变化,从而在各种赛事中表现出色。动作协调性的提升,使得运动员能够在比赛中更有效地调整自己的技术动作,适应不同的泳道条件和水流变化,以保持最佳状态。这种适应能力的增强,是技术优化在竞技表现中一个重要的贡献。

二、技术优化在关键比赛环节中的作用

(一)出发、转身与冲刺环节的技术优化

出发、转身与冲刺环节的技术优化对于游泳运动员的竞技表现至关重要。在出发环节,技术优化的重点在于起跳的角度和力度。通过精确的角度和适当的力度,运动员可以在入水瞬间获得最大的初速度,从而减少能量损耗。起跳角度的优化需要结合运动员的身体素质和比赛项目的特点,确保在空中飞行的时间与入水后的速度之间达到最佳平衡。通过反复的训练和数据分析,教练可以帮助运动员找到最佳的起跳策略,以提高出发效率。

转身技术的优化则需关注身体的旋转速度和入水姿势。高效的转身技术能够帮助运动员在触壁后迅速恢复游泳姿态,从而减少时间损失。旋转速度的提高可以通过加强核心肌群的训练来实现,而入水姿势的优化则需要在训练中反复调整,以找到最适合运动员的体位。通过对比国内外运动员的转身技术,可以发现不同风格的运动员在转身动作上的差异,这为进一步的技术优化提供了参考。

在冲刺环节,技术优化应强调划水的频率与力度的协调。划水频率的提高可以增加推进力,但过高的频率可能导致动作变形,从而降低效率。因此,划水频率与力度的协调至关重要。在这一过程中,生物力学分析的应用能够帮助识别运动员的技术缺陷,并为个性化的技术改进方案提供科学依据。通过对历史比赛数据的分析,可以总结出成功的冲刺技术特征,为运动员制订针对性的训练计划。

(二)关键环节优化对比赛结果的影响

在游泳比赛中,出发环节的技术优化是其中一个显著的方面。通过改进出发技术,运动员可以显著提升初速度,从而在比赛的开始阶段建立起领先优势。出发技术的优化不仅包括出发台的起跳动作,还涉及入水角度的调整和水下滑行的效率。研究表明,出发环节的技术细节优化能够为运动员在短距离比赛中提供关键性的时间优势,使其在竞争激烈的比赛中脱颖而出。

转身技术的优化同样对比赛结果产生深远影响。通过提高转身时的旋转效

率,运动员能够减少在转身时的能量损失,这样可以更快地恢复游泳状态。转身技术的优化包括对转身速度、身体姿态及水下出发的调整。这些技术细节的改进不仅提高了运动员的整体游泳效率,也为其在长距离比赛中节省了宝贵的体力资源,使其能够在后续的比赛中保持较高的竞技水平。

冲刺阶段的技术优化则强调划水频率与力度的协调。在比赛的最后阶段,运动员需要在极限状态下保持高速度,这对技术的要求极为苛刻。通过优化划水技术,运动员能够在高强度的冲刺中保持最佳的水下推进效果。技术的优化不仅要求运动员具备强大的体能支持,还需要通过精确的技术训练来确保每一次划水的效率最大化。冲刺阶段的技术优化直接影响到比赛的最终成绩,是运动员取得胜利的关键。

生物力学分析在关键环节中的应用,为识别运动员的技术缺陷提供了科学依据。通过生物力学的研究,教练可以为运动员制订个性化的技术改进方案,从而提高整体竞技表现。生物力学分析不仅关注运动员的动作轨迹和力量分布,还涉及肌肉的协同工作和能量的高效利用。通过这些分析,运动员可以在训练中有针对性地改进自己的技术动作,使其在比赛中能够发挥出最佳的竞技状态。

(三)关键环节优化的实施策略

在游泳比赛中,关键环节的技术优化对于运动员的竞技表现具有重要意义。制订出发环节的技术优化计划是提升初速度的首要步骤。通过明确运动员的起跳角度与力度训练,可以有效提高出发时的爆发力和速度。这一环节的优化不仅涉及运动员的身体素质训练,还包括对起跳技术的精细化调整。科学的优化计划应结合运动员的个人特点,制订个性化的起跳训练方案,确保每次出发都能达到最佳状态。通过反复的训练和调整,运动员能够在比赛中以更快的速度进入水中,为后续的游泳阶段奠定良好的基础。

实施转身技术的专项训练是游泳技术优化中的另一个关键环节。在比赛中,转身技术的优劣直接影响到运动员的整体表现。专项训练的重点在于提高身体旋转的流畅性和入水姿势的准确性。通过对运动员转身动作的细致分析,可以发现并纠正技术中的不足之处。确保转身后迅速恢复游泳状态是专项训练的核心目标,这需要运动员在短时间内完成复杂的动作转换。通过高强度的专项训练,运动员能够在比赛中以更流畅的动作完成转身,减少时间损耗,提高整体速度。

冲刺环节的训练内容优化是确保运动员在比赛最后阶段保持最佳速度的重

要策略。在这一环节中,划水频率与力度的协调至关重要。优化训练内容应强调运动员在高强度状态下的动作协调性和耐力提升。通过对划水动作的细化,运动员能够在冲刺阶段保持稳定的速度输出。训练中还应注重心理素质的培养,使运动员能够在比赛的压力下发挥出最佳水平。通过系统的训练计划,运动员可以在比赛的最后阶段保持良好的竞技状态,为胜利奠定基础。

三、技术优化在不同竞技水平运动员中的差异

(一)初学者与高水平运动员的技术优化差异

初学者通常在技术动作上缺乏稳定性,这主要表现为姿态偏差和动作不协调。这种不稳定性是由于初学者对水中环境的不熟悉以及对身体控制能力的不足。因此,他们在训练中需要更多时间来掌握基本的游泳技能,并进行反复的姿态调整。而高水平运动员则能够保持较高的动作一致性和流畅性,这是因为他们经过长期的专项训练,已具备良好的水感和肌肉记忆。因此,他们的技术优化更多地集中在复杂技术动作的细节调整和效率提升上,以便在比赛中获得更高的速度和更佳的表现。

初学者的技术优化目标主要是掌握和纠正基础动作。由于缺乏经验,他们往往需要在教练的指导下,通过不断地练习来获得对基本技术动作的准确理解和执行。而高水平运动员的技术优化目标则更为明确,他们不仅要维持现有的竞技水平,还要在细节上进行精细化调整,以求在比赛中取得突破。这种差异反映了两者在训练内容和技术要求上的不同,初学者更多的是在打基础,而高水平运动员则在追求极致。

在技术优化过程中,初学者需要大量的指导与反馈。这是因为他们在技术掌握上存在较多的错误和偏差,教练的及时反馈能够帮助他们迅速纠正错误,避免不良习惯的形成。而高水平运动员由于具备较强的自我分析能力,能够通过观看录像或自身的感知来识别技术缺陷,并进行自我调整。这种自主性使得他们在技术优化中更具主动性和创造性,能够迅速适应新的技术要求和比赛环境。

(二)竞技水平对技术优化效果的影响

在高水平竞技运动员中,由于他们已经具备了扎实的技术基础,能够更迅速

地识别和纠正技术缺陷。这种能力使得他们在进行技术优化时,可以通过微小的调整来显著提高表现。高水平运动员通常具有优秀的运动感知能力,能够在短时间内感知到技术动作中的微小变化,并进行相应的调整。这种敏感性与他们长期的训练经验密不可分,也使得他们在技术优化过程中更加高效。

另一方面,初学者在技术优化过程中则需要更多的外部指导和反馈。这是因为初学者的技术基础相对薄弱,尚未形成稳定的动作模式,因此在识别技术缺陷和进行自我调整方面存在困难。初学者通常需要教练的详细指导和频繁的反馈来帮助他们理解和掌握基础动作。在这一过程中,教练的作用尤为重要,他们需要根据初学者的具体情况制订相应的训练计划,以确保技术优化的有效性。

不同竞技水平的运动员在关注技术细节的程度上也存在明显差异。高水平运动员更倾向于对动作进行微调,以提高动作效率和整体表现。他们能够在训练中关注细微的动作细节,通过不断地调整来优化整体技术表现。相反,初学者的关注点则更多集中在基础动作的掌握上,他们需要确保动作的基本正确性和一致性,然后才能逐步进行更细致的优化。

在数据分析工具的使用上,高水平运动员能够更好地利用这些工具来快速获取反馈,并进行技术调整。这是因为他们对数据的理解和应用能力较强,能够从中提取出有价值的信息来指导训练。而初学者在这方面可能相对较弱,他们需要更多的时间和指导来学习如何有效地使用数据分析工具,以辅助技术优化。

(三)针对不同水平运动员的优化策略

为初学者制订系统化的基础技能训练计划至关重要。初学者往往在游泳姿势、划水频率和呼吸技巧的掌握上存在较大差距,因此,训练计划应重点关注这些基础技能的培养。通过系统化的训练,初学者能够逐渐建立扎实的技术基础,为其未来的技术进步打下良好的根基。在训练过程中,教练应耐心指导,确保每位初学者都能够理解和实践正确的游泳姿势,掌握适宜的划水频率,并在游泳过程中保持良好的呼吸节奏。这些基础技能的掌握不仅有助于提高初学者的游泳效率,还能有效减少因技术不当导致的运动损伤。

针对中级运动员,个性化的技术分析与反馈机制是提升其技术水平的关键。中级运动员通常已经具备一定的游泳基础,但在特定技术动作上可能存在不足。因此,利用先进的数据采集工具对其技术动作进行细致分析,能够识别出运动员在动作细节上的缺陷。通过数据反馈,教练可以为运动员制定具体的改进策略,帮助其在短时间内纠正技术动作中的问题。这种个性化的技术分析与反馈机制,不仅提高了中级运动员的技术水平,还增强了其对自身技术的理解与掌控能力,从而在竞技中获得更好的表现。

高水平运动员的技术优化需要借助专业的生物力学分析。高水平运动员在游泳技术上已经达到较高的水准,但在复杂技术动作中,细节的优化仍然具有提升空间。通过生物力学分析,可以深入了解运动员在水中动作的协调性和能量利用效率。教练可以根据分析结果,针对性地调整运动员的技术动作,以提高其整体表现。细节上的优化不仅能提升运动员的竞技水平,还能帮助其在比赛中更好地发挥身体潜能,达到最佳竞技状态。

四、技术优化对竞技表现的长远影响评估

(一)技术优化的长期效果跟踪与分析

在游泳运动员的训练过程中,技术优化的长期效果跟踪与分析至关重要。为了有效评估技术优化对运动员竞技表现的长远影响,建立一套科学的长效跟踪机制是必要的。通过定期评估运动员在技术优化过程中的表现变化,可以确保技术的持续改进与适应性。这一过程不仅仅是对技术动作的观察,更需要结合运动员的生理特征与心理状态进行综合分析。通过这样的评估机制,教练和运动员可以及时发现技术训练中的不足,并进行针对性的调整,从而实现技术动作的精确性和稳定性的提升。

为了有效识别运动员在长期训练中技术优化的累积效果,量化分析技术动作的稳定性与准确性是关键。通过对运动员技术动作的细致量化分析,可以清晰地看到技术优化带来的累积效果。这种量化分析不仅涉及动作的轨迹和速度,还包括对水中姿态、转身技术以及出发技术等关键技术环节的评估。通过这些数据的积累与分析,教练可以更好地了解运动员的技术进步情况,并据此制订更加科学合理的训练计划。这样的量化分析为技术优化提供了坚实的数据支持,使得技术优化不再仅仅依赖于经验判断,而是有了科学的依据。

结合运动员的生理特征与心理状态,调整长期训练计划,是确保技术优化方案个性化与有效性的关键。每位运动员的身体条件和心理状态各不相同,因此,技术优化方案的制订需要充分考虑这些因素。通过对运动员生理特征的详细分

析,可以为每位运动员量身定制最适合他们的技术训练计划。同时,心理状态的评估也不可忽视,因为心理因素在竞技表现中起着重要作用。通过对生理与心理因素的综合分析,教练可以制定出更具针对性和有效性的技术优化策略,从而最大限度地提升运动员的竞技表现。

(二)长远影响的理论模型与实验验证

在游泳运动员的训练过程中,技术优化不仅对短期竞技表现有显著影响,其长远效应同样值得深入探讨。通过建立基于数据分析的技术优化效果评估模型,可以量化技术改进对运动员表现的具体影响。这一模型的核心在于将游泳运动员的技术动作分解为可量化的指标,如划水效率、转身速度等,并通过数据分析工具评估技术调整的效果。这种方法不仅能够提供对技术优化效果的客观评价,还能为教练和运动员提供科学的决策支持,帮助他们在训练中做出更有针对性的技术调整。

为了验证长远影响的理论模型,设计实验验证方案显得尤为重要。通过对比实验,可以分析不同技术优化措施对竞技表现的具体影响。例如,采用双盲实验设计,分别对照组和实验组实施不同的技术优化策略,观察其在比赛成绩、体能消耗等方面的差异。这样的实验设计不仅能够揭示技术优化的直接效果,还能为模型的进一步完善提供数据支持。通过实验验证,可以更好地理解技术优化在不同情境下的实际效果,从而为运动员制订更为精准的训练计划。

运用生物力学模型评估技术优化的长期效果,是分析其对运动员能量消耗和效率提升贡献的关键。生物力学模型通过对运动员在水中动作的动态分析,揭示技术优化如何影响运动员的能量利用效率。通过这些模型,可以量化技术优化对运动员肌肉负担的减轻程度,以及对能量消耗的优化效果。这不仅有助于提高运动员的竞技表现,还能在长远上降低运动损伤的风险,为运动员的职业生涯提供更好的保障。

(三)技术优化对竞技表现的综合提升作用

技术优化在游泳运动员的竞技表现中扮演着至关重要的角色,其综合提升作用体现在多方面。游泳是一项高度依赖技术的运动,动作的流畅性和协调性直接影响到运动员在水中的速度和效率。通过精细化的技术训练,运动员可以在不增加体能消耗的情况下,实现更高效的游泳技术动作,从而在比赛中获得优势。

个性化的技术优化方案是提升运动员竞技表现的关键。每位运动员的生理特征和技术水平各不相同,因此,针对个体特征制订的技术优化方案,能够确保训练内容的有效性和针对性。这种个性化的训练方式,不仅能够帮助运动员在短时间内提升技术水平,还能在长期训练中,逐步提高运动员的整体竞技能力。通过量身定制的训练计划,运动员可以在技术上实现突破,从而在比赛中表现出色。

实时数据反馈系统的应用,为运动员的技术优化提供了科学依据。通过先进的技术手段,运动员在训练和比赛中能够及时获取自身技术动作的数据反馈。这种即时反馈机制,帮助运动员迅速识别并调整技术动作,增强技术表现的一致性。数据反馈不仅提高了训练效率,也提高了运动员在比赛中的技术稳定性,使其能够在高强度的比赛条件下,保持最佳的竞技状态。

参考文献

[1]陶焘.游泳运动员身体功能训练理论与实践[M].武汉:武汉大学出版社,2021.

[2]杜鹃.游泳运动科学训练与安全监控研究[M].哈尔滨:东北林业大学出版社,2022.

[3]董琦.高水平游泳运动员陆上体能训练研究[M].北京:北京邮电大学出版社,2020.

[4]徐洋.游泳体能训练[M].哈尔滨:东北林业大学出版社,2022.

[5]屈金亭,王刘强.专业运动员科学选材[M].开封:河南大学出版社,2023.

[6]宋鑫平,程子庸.体能训练理论体系与实践[M].北京:中国纺织出版社,2022.

[7]纪昌飞.游泳实用教程[M].广州:华南理工大学出版社,2023.

[8]李康晖.游泳与水上运动[M].北京:中国书籍出版社,2023.

[9]范春兰.实用游泳训练理论与技术研究[M].长春:吉林科学技术出版社,2023.

[10]邢执.游泳运动的体能与技术训练[M].沈阳:辽宁科学技术出版社,2024.

[11]马莹.游泳技能训练及水上救生技巧[M].沈阳:辽宁大学出版社,2022.

[12]墨楠.游泳运动专项体能素质训练机制与提高方略研究[M].长春:吉林大学出版社,2023.

[13]闫永兰.游泳运动理论与训练研究[M].长春:吉林出版集团股份有限公司,2020.

[14]李赫.数字化教学与游泳运动融合应用研究[M].沈阳:辽宁科学技术出版社,2023.

[15]彭义,朱晨,孙晓川.现代游泳运动理论体系及其技术指导教程[M].长春:吉林文史出版社,2022.